競技スポーツの心理学

編集　高井秀明

JN122866

Psychology in Competitive Sports

著者一覧

編　者

たか い ひであき
高井秀明／日本体育大学

執筆者（掲載順）

み むら　　さとる
三村　　覚／大阪産業大学 ………………………… 第 1 章

ひらやまこうすけ
平山浩輔／帝京平成大学 …………………………… 第 2 章

ほんごう ゆ き
本郷由貴／日本体育大学 …………………………… 第 3 章

ふか み まさ し
深見将志／日本大学 ………………………………… 第 4 章

い とうひでゆき
伊藤英之／國學院大學 ……………………………… 第 5 章

その べ　　ゆたか
園部　　豊／帝京平成大学 ………………………… 第 6 章

しばはらけん た ろう
柴原健太郎／北九州市立大学 ……………………… 第 7 章

たかはし ゆ い
髙橋由衣／国立スポーツ科学センター ……… 第 8 章

ふじもとたいよう
藤本太陽／福山平成大学 …………………………… 第 9 章

あき ば しげ き
秋葉茂季／国士舘大学 ……………………………… 第 10 章

え だ か おり
江田香織／東洋大学 ………………………………… 第 11 章

かたがみ え り こ
片上絵梨子／共立女子大学 ………………………… 第 12 章

つづ き ともひこ
續木智彦／西南学院大学 …………………………… 第 13 章

はじめに

　現在、私はアスリートやコーチ、さらにはスポーツのチームに対して心理サポートを提供しています。その際、心理サポートの基盤（支え）になるのが、スポーツ心理学のエビデンス（科学的根拠）です。本書のタイトルは「競技スポーツの心理学」にしましたが、ここには競技スポーツで求められるエビデンスをもとにした心理的アプローチの仕方について読者の皆さまに学んでいただきたいという意図があります。したがって、本書の著者は、スポーツ心理学の新進気鋭の研究者でありながらも、競技スポーツの実践場面でスポーツメンタルトレーニング指導士や臨床心理士、公認心理師、コーチとして活躍されている実践者によって構成されています。そのため、中には高い専門性が必要な心理的アプローチもありますので、どこまでが自分たちで対応すべき心理的課題か、どこからが専門家と一緒に対応すべき心理的課題か、読者の皆さまには本書を通して検討してもらいたいと思います。

　また、本書の読者の中心は、アスリートやコーチ、マネージャー、科学サポートスタッフ（例：アスレティックトレーナー、スポーツ栄養士、スポーツメンタルトレーニング指導士）、その志を持った皆さまになるものと想定しています。しかしながら、それ以外にも、舞台芸術など、ハイプレッシャーの状況で自分自身の心と向き合うパフォーマーやその関係者はたくさんいらっしゃいます。そのような皆さまにとっても、本書が少しでもお役に立てれば幸いです。

　最後になりましたが、本書の企画をご提案いただいた株式会社みらいの西尾敦氏に深く御礼申し上げます。西尾氏には、編者・著者のことを第一に考え、お力添えをいただきました。改めて感謝申し上げます。

2024 年 2 月

編者　高井 秀明

もくじ

第6章　集中力を高める

第7章　効果的な練習プログラムを立案する

第8章 大切な試合に向けて心をピーキングする

第9章 競技中の心の状態を把握する

スポーツ心理学の理論を実践につなげる

なぜこの章を学ぶのですか？

スポーツ心理学をスポーツの現場で役立てようとするときに最低限の知識を理解しておくことは必要です。スポーツ心理学が学問として成り立つ過程においては、先人たちによる多くの研究や実践があります。それはすべてスポーツの現場で役立てるための努力であり、その内容から多くの示唆を得ることができるものと思います。本章の内容は、皆さんがスポーツ心理学をスポーツの現場で役立てるための道標となるでしょう。

第1章の学びのポイントは何ですか？

本章の具体的な学びのポイントについては、下の二次元コードから動画を視聴してください。そして、そのうえで下記の「考えてみよう」にも取り組んでみてください。

＼ 考えてみよう ／

① スポーツ心理学のテーマにはどのような内容があるのか挙げてみましょう。

② スポーツ心理学のテーマで特にあなたが興味を持っている事柄を挙げてみましょう。

1 スポーツ心理学の成り立ち

　スポーツ心理学が一般に浸透したのは、日本スポーツ心理学会が創設された 1973（昭和48）年である。それまでは体育心理学と呼ばれることが一般的であった。また、スポーツ心理学が浸透してきたころに運動心理学という分野もみられるようになったが、現在ではスポーツ心理学に統合されている。

1 スポーツ心理学の前身である体育心理学

　日本で最初に体育心理学の分野を開拓したのは松井三雄[1]といわれる。松井は体育心理学を「体育事象を心理学的なたちばから研究する分野」と定義した。これは、体育を「主として大筋活動を通して行われる教育の一領域」とし、心理学を「精神活動をその環境との関係において解明する科学」として定義したものである。なお、このときのスポーツは「単純な遊戯から発展し、しかも遊戯の範囲を脱することができない活動」として扱われていた。

　長田一臣[2]は体育心理学の研究対象として 10 分野を挙げており（表 1-1）、その中でも「対象の心身の構成と発達の研究」「運動の学習並びに練習に関する研究」「身体活動と精神衛生」「指導法」「指導者の資質と条件」などは競技スポーツにも広がるものであった[*1]。

表 1-1　体育心理学の研究対象

・体育の本質に関する研究
・身体運動に関する研究
・対象の心身の構成と発達の研究
・運動の心理学的特質の研究
・運動の学習並びに練習に関する研究
・運動の心身に及ぼす影響の研究
・運動の効果と評価に関する研究
・身体活動と精神衛生
・指導法
・指導者の資質と条件

出典　長田一臣『体育心理学』道和書院　1969 年　p.32

＊1　現在では体育心理学という場合には、教科教育としての体育での心理学的な研究分野を示すことが多い。

2 体育（教育）と区別した運動心理学

　松田岩男[3]は運動科学の一環をなすものとして運動心理学の領域を提案した。これは、体育の科学的基礎づけとしての運動科学の領域を体育科学と区別して確立しようとするものであった。運動心理学と体育心理学との大きな相違点は教育の場を離れて存在するとしたところであり、表1-2にあるように、運動心理学の研究問題が6項目挙げられている。

表1-2　運動心理学の研究問題

・運動の基礎としての生理心理学的な問題
　（運動支配の生理心理）
・内的・外的刺激と運動の関係についての問題（運動と知覚）
・運動学習に関する問題
・運動の指導法の問題
・運動と発達に関する問題
・運動の社会心理学的問題

出典　松田岩男編『運動心理学入門』大修館書店　1976年　pp.2-8 をもとに作成

3 体育心理学からスポーツ心理学へ

　教科体育の教材として「遊戯および競技」であったスポーツ教材が、体育の教材として取り上げられるようになると、課外活動（部活動）としての（競技）スポーツが盛んになった。そして他校との対外試合も活発に行われるようになると、スポーツの心理学的な研究への関心が高まり、現在のスポーツ心理学へと発展した[4]。

　猪俣公宏[5]は、現在のスポーツ心理学について「スポーツにおける広範的な心理的、行動的問題の解決を目指して、伝統的な心理学的手法のみならず、スポーツの諸科学、認知科学、神経科学、情報科学など多様な領域の方法論を取り入れた応用科学として捉えられる」と定義している。その研究内容について、土屋裕睦[6]は4カテゴリーにまとめている（表1-3）。いずれも体育心理学および運動心理学を包括する内容となっている。

表 1-3　スポーツ心理学の研究分野

・運動学習および制御
　（運動技能の発達やスポーツ経験の心理的影響、さらに運動制御や運動学習過程に及ぼす心理的影響の検討）
・スポーツ社会心理研究
　（体育やスポーツへの参加・継続に関わる動機づけや、身体的有能感など、それに関わる心理社会的要因の検討）
・健康スポーツの心理
　（健康スポーツの文脈で、運動が気分やメンタルヘルスの改善に与える影響を調査ならびに実験により検討）
・競技の心理
　（ピークパフォーマンスや実力発揮に関わる心理要因、コーチングの心理、さらにリラクセーションやイメージなどのメンタルトレーニング技法の開発や効果の検討）

出典　土屋裕睦「わが国のスポーツ心理学の現状と課題」『心身医学』第 58 巻 2 号　日本心身医学会　2018 年 pp.159-165 をもとに作成

2　心理学とスポーツ心理学の違い

　スポーツ心理学は、主に体育・スポーツ科学者や教育学者によって心理学の手法や理論をスポーツ場面へ応用して発展してきた。現在、文部科学省による研究区分では、スポーツ科学関連の一部として位置づけられている。また、研究・実践の特性上、今後は学際的な応用科学としてさまざまな領域と結びついて発展していくことが期待される。

1　スポーツ科学としてのスポーツ心理学

　体育・スポーツ系大学で科目として存在するスポーツ心理学は心理学と名がついているものの、スポーツとは関係のない心理学部・学科ではその科目名を目にすることは珍しく、また心理学のテキストを開いてもほとんどスポーツ心理学についての記述はない。これは初学者やスポーツ指導者が戸惑うところである。

　表 1-4 に文部科学省による研究区分から心理学とスポーツ心理学の箇所を抜粋して示した。ここでスポーツ心理学は、小区分のスポーツ科学関連の中の内容の一部として挙げられており、スポーツ科学であることが分かる。その理由としては、心理学者に比べてスポーツ心理学の研究者が少ないこと、スポーツ現場の特殊性のためより応用的になっていること、あるいは、例えば競技パフォーマンス向上という目的のために、より広範な既知の知見を取り入れた研究となることなどが考えらえる。

表 1-4　文部科学省による心理学とスポーツの区分

大区分	中区分	小区分	内容の例
A	10 心理学および その関連分野	社会心理学関連	社会心理学一般、自己、集団、態度と行動、感情、対人関係、社会問題、文化　など
		教育心理学関連	教育心理学一般、発達、家庭、学校、臨床、パーソナリティ、学習、測定評価　など
		臨床心理学関連	臨床心理学一般、心理的障害、アセスメント、心理学的介入、養成訓練、健康、犯罪非行、コミュニティ　など
		実験心理学関連	実験心理学一般、感覚、知覚、注意、記憶、言語、情動、学習　など
		認知科学関連	略
I	59 スポーツ科学、体育、健康科学およびその関連分野	リハビリテーション科学関連	略
		スポーツ科学関連	スポーツ生理学、スポーツ生化学、スポーツ医学、スポーツ社会学、スポーツ経営学、スポーツ心理学、スポーツ教育学、トレーニング科学、スポーツバイオメカニクス、アダプテッドスポーツ科学、ドーピング　など
		体育および身体教育学関連	略
		栄養学および健康科学関連	略

出典　日本学術振興会「令和 4（2022）年度科学研究費助成事業 審査分表」をもとに作成

2　応用心理学としてのスポーツ心理学

　心理学は、「行動と心的過程の科学的研究（psychology is the scientific study of behavior and mental process）」[7] と定義され、一般的に人間として持ち合わせている心の仕組みの法則を解明する基礎心理学と、それをさまざまな分野に役立てようとする応用心理学に大別される。過去においても、体育・スポーツ心理学の研究者は、スポーツ心理学を応用心理学として分類していた。心理学の手法や理論をスポーツ場面へ応用するという理解である。

　スポーツ心理学の創成のころは主に心理学者や教育学者（教育心理学者）によって研究が進められ、その成果は体育・スポーツ系分野で講じられていた。そこで教えを受けるのは体育・スポーツ系の学生であり、後に体育・スポーツ科学を修めた研究者によって心理学とは異なった独自の発展を遂げていくことになる。

　日本の心理学者が中心となって活動がなされている日本心理学会では、現在研究領域を 20 領域に分けており、その中の「健康・スポーツ」がスポーツ心理学の領域に該当する部門となる。ここで、スポーツは健康と同等に扱われていることからも、例えば、スポーツ競技者を対象とする際には主に心の健康や精神的な問題解決に関心が持たれ、直接的な競技パフォーマンス向

上へのアプローチに関する研究は少ない。一方で、日本応用心理学会においては 2015（平成 27）年ごろにそれまで存在していなかった「スポーツ」の研究領域が置かれた。今後は応用心理学としての新たなスポーツ心理学が構築され、さらに発展していくことが期待できる。

3 スポーツ心理学は学際的な領域

スポーツ心理学は、文字通りスポーツ活動に関する心の問題を取り上げるものであり、スポーツ現場で役立つ学問として求められていることは容易に想像がつくであろう。そのため、さまざまな学問領域とつながりながら発展しているともいえる。先にも述べたように、スポーツ心理学は多様な領域の方法論を取り入れた応用科学であり、学際的な領域である（さまざまな学問領域と重なっている）。そのため、特に学生・初学者においてはスポーツに関わるか否かに限らず、生理学や工学、社会学や教育学など、一見スポーツに関係がないように思われる基礎的な教科・領域であっても、どのように応用・援用して役立てるのかという視点の下で、それらを貪欲に学ぶ姿勢が重要である。

3 競技場面でのスポーツ心理学

競技者への心理サポートは、1964（昭和 39）年の東京オリンピックを契機に発展していった。また、実際のスポーツ現場で問題解決を試みる際には、まず心理学の基礎理論である「学習」と「動機づけ」の観点からアプローチを試みる。

1 競技者へのアプローチの歴史

1964（昭和 39）年に東京でアジア初となる第 18 回オリンピック競技大会が開催されることに伴い、1960（同 35）年にスポーツ科学研究委員会が発足した。そしてこの中に、心理学者を中心としたメンバーで構成された心理部門が置かれた。

表 1-5 に当時心理部門で行われた研究についてまとめた。これが礎となって競技者の心理サポートが発展したといっても過言ではない。

表 1-5 | 1964 年東京オリンピック競技会での研究

テーマ	主な内容
あがりの研究	"アガリとメダル目標の関係は必ずしも明瞭ではなかった"
精神面のトレーニング	自律訓練法、漸進的筋弛緩法
根性について	"人間づくり" "人間形成" 根性養成の方法（表 1-6 参照）
質問紙の作成	精神的あるいは性格特性について理解し、それに即してトレーニングを実施することが必要である
カウンセリング （スポーツカウンセリング）	"コーチとの不和" "権威に対する反感" "選手同志の反目" "勤務に対する不安" 自己流に鍛え上げて成功した選手＝好不調の波が見受けられた コーチなどの周囲の人たちによって受動的に育成された選手＝ 感情的に不安定

出典　日本体育協会「東京オリンピックスポーツ科学研究報告書」1965 年をもとに作成

（1）あがりの研究

　あがりとは心身の過度の緊張状態（過緊張）のことであり、市村操一[8]はその兆候として5つの因子を挙げている。まず、胸がどきどきするなどの「自律神経系（特に交感神経）の緊張」、注意力が散漫になるなどの「心的緊張力の低下」、体があまりいうことをきかないなどの「運動技能の混乱」、失敗したりするのではないかという「不安感情」、相手がいやに落ち着いているように見えるなどの「劣等感」である。オリンピックのような大試合で緊張することは当然のことで過緊張となることも理解できるが、結果的にあがりと成績は直接的に関係がないという報告であった。このことは、過緊張に対する対処へのアプローチのほか、過緊張の経験を重ねることによる長期的な競技生活の心理的安寧の阻害への対処、つまり選手のメンタルヘルスへの研究についてもアプローチしていくことの必要性を示していると考えられる。

（2）精神面のトレーニング

　自律訓練法は催眠技法から体系化された自己暗示を用いたリラクセーション技法であり、漸進的筋弛緩法は筋肉を緊張・弛緩させることでリラクセーション感を得るという技法である。その当時に精神面のトレーニングとして、主にリラクセーションを目的とした諸技法が挙げられていることが特徴といえる。これらの技法は習得までにある程度時間が必要であったり、実施時間が長かったりするため、スポーツ現場で使えるようになるための基礎的な研究や実施方法について検討されている（例えば長田[9]、三村・市川[10]）。

（3）根性について

　根性という言葉には、一般的に「我慢」とか「意にそぐわない嫌なことをする」などのネガティブな印象がある。しかし、ここでは「目標を達成するために、すべての困難や弊害を克服する強い意志を見本にした心のはたらき」とされ、「持続的な努力の傾向」で、「人間づくり」「人間形成」につながるものとして示されている。

　表 1-6 に 表 1-5 の根性養成の方法についての詳細な項目を示した。ここに挙げた5つの項目は現在のスポーツメンタルトレーニングと遜色のない内容であり[11]、また基本的な事柄であり、指針とすべきものであった。それぞれ、①の項目は「目標設定」を指し、②は実行しようとする意志の強さから「忍耐力」や「自己コントロール能力」につながり、③は「気づき」や「リフレーニング」、④は「注意集中能力」、⑤は「リラクセーション能力」といったものに置き換えることができる。これらは現在においてもスポーツメンタルトレーニングの中心的な技法として展開されている（例えば、日本スポーツ心理学会編[12]）＊2。

＊2　2000（平成12）年に日本スポーツ心理学会が「スポーツメンタルトレーニング指導士」資格の認定をしたことにより、現在では積極的な実践が行われている。

表 1-6　根性養成の方法

1	はっきりした具体的な目標を持たせる
2	ハードトレーニングで極限状況に追い込む計画をしたことは、どのように条件が変化しても計画通りに実行する
3	他の分野の一流人の物の考え方、苦心談を聞いたり、かつての一流選手の練習法や生活との関連における悩みとその解決方法などを聞いたりする
4	座禅や自律訓練法などによって、精神集中を図ったり、精神の安定を確立したりする
5	精神的不安や焦りなどを除去し、緊張を解消させるために、心理療法的リラクセーションの場を設けることが必要である

出典　表 1-5 と同じ

（4）質問紙の作成

　当時は、選手の精神的、性格特性について理解し、それに即したトレーニングを実施することが必要であると考えられ、12尺度（2妥当性尺度、10臨床尺度）からなる検査が作成された。ここでの臨床尺度は、「とらわれ尺度」「気が重い尺度」「むら気尺度」「特異性尺度」「考え方尺度」「不安感尺度」「情意尺度」「活発尺度」「うちとけない尺度」「引っ込み思案尺度」で構成されており、この10項目（尺度）から選手を理解しようと試みられている。後に質問紙は性格特性を測るものから、競技意欲について測るもの、心理的なコンディションを測るものや、競技者特性を調べるものへと変容していった。

そしていわゆる「精神力」とは何かについて研究が進められ、スポーツ競技に必要な精神力、つまり「心理的競技能力」を測るものが開発され[13]、さらにトップアスリートの心理的競技能力評価尺度の開発がなされている[14]。

(5) カウンセリング（スポーツカウンセリング）

当時の報告によると、カウンセリングにおいて、選手自身は個人の人格的な問題に関心があったとし、「コーチとの不和」「権威に対する反感」「選手同志の反目」「勤務に対する不安」などの問題を明確にしている。

現在は、スポーツカウンセリングでのその主訴の分析や（表 1-7）、サポートの実践（例えば中込[15]）、また引退後のキャリアなど（例えば中込[16]）についてもスポーツメンタルトレーニングと並んで実践的な研究が進められている。

表 1-7 スポーツカウンセリングでの主訴

意欲低下	やる気が起きない、慢性的だるさ、疲労感
情緒問題	不安になる、集中できない、怒り　など
継続・引退	やめたい、やめざるをえない、やめたくない
人間関係	コーチ、仲間、家族、恋人、その他
動作失調	これまでできた動き（技）ができない
けが	突発的・慢性的けが、復帰までの不安
食事・睡眠	睡眠障害、過食、拒食、食行動問題
性格・気分	自分の性格について
その他	経済的問題、マスコミ、漠然とした主訴

出典　中込四郎・伊藤豊彦・山本裕二編『よくわかるスポーツ心理学』ミネルヴァ書房　2012 年
pp.144-147 をもとに作成

2 スポーツ場面で押さえておきたい心理学の基礎理論

スポーツ現場で問題が起き、それがけがなどの身体的な問題ではなく心理的問題である場合、その解決を試みようと実践的なアプローチをしていくことになる。その際に、心理学の基礎理論を知っているか否かでその後の展開も変わることが多い。ここで押さえておきたい理論は「学習」と「動機づけ」である。乱暴な言い方をすれば、スポーツ場面においてはこの 2 つの理論で問題解決の糸口が見つかるきっかけになる場合が多い。

（1）学習

　学習とは、過去の経験によって行動が永続的に発展（進展）することで、例えば練習により運動技術を習得すること（運動学習）がこれにあたる。学習理論の代表的なものには、古典的条件づけ、道具的条件づけ、試行錯誤説、洞察説がある。

　古典的条件づけは、例えば梅干を見ると唾液が出てくるというような反応である。本来は梅干を食べたときに唾液が出てくるものであるが、食べた経験によって梅干を見るだけで反応が出現するというものである。つまり、自分の知らないところで勝手に反応していると解釈できる。これについては「パブロフの犬」の実験が有名である。

　道具的条件づけは、ある行動を起こして、そのときに報酬を与えられる（自分に有利なことがある）と行動が強化（促進）され、報酬が与えられなくなる（自分に不利なことがある）とその行動は消去（抑制）されるというものである。さらに、報酬も毎回与えられるよりたまに与えられたときに行動が促進されやすいとされる。スキナー（Skinner, B. F.）によるハトのキーつつきの実験が有名である。

　試行錯誤説は、目的達成のため trial（挑戦）と error（失敗）によって行動が決定されるというものである。満足する（成功）行動はその後生じやすくなり、満足しない（失敗）行動は生じにくくなるという、「効果の法則」を唱えたものである。ソーンダイク（Thorndike, E. L.）のネコを使った問題箱の実験が有名である。現在では道具的条件づけと同じ理論上の分類がされることもある。

　洞察説は、さまざまな情報や周りの手がかりから目的達成の見通しを立てるというものである。天井に吊るされたバナナを遊び道具の箱と棒を使って取るチンパンジーの実験が有名である。

　以上の理論を確認したうえで、不調に陥った野球の 4 番打者の事例を提示する。この選手はコーチから打撃の際に手首の返しを意識するようにアドバイスされ、練習を重ねたところ打球が伸びて強打者となった。しかしいつしか打球が伸びないどころかゴロしか打てなくなってしまい、その原因が分からない状態だった。練習すればするほどうまくいかず途方に暮れていたが、自らの打撃フォームをビデオに撮ってコーチと分析したところ、ボールがバットに当たる前に手首を返すようになっていた。

　スポーツ場面では基本的に試行錯誤と洞察で学習が進むと考えられているだろう。この選手の場合は、洞察して試行錯誤することで学習し、打てなくなったときも同じように練習して解決しようとしていた。しかし、原因は手首を返すと打てるという条件反射によって学習が進み、打撃全体のバランス

やタイミングが崩れていた。つまり、自分の知らないうちに手首を返すという学習だけ発展（進展）していたということが考えられる。なお、その後は改善ポイントが分かり、練習（再学習）によってパフォーマンスが向上した。スポーツ現場で選手が起こす行動や抱く感情は、それが好ましいものであってもそうでなくても、何らかの学習によって起こっているものである。学習の理論から原因を見つけるだけでは不十分で、そこから改善ポイントを検討することが重要である。

（2）動機づけ

　動機づけ（motivation: モチベーション）は、行動を一定の方向に向けて起こさせ、持続させる過程やその機能のことである。動機づけは、興味（〜したい）や不満（〜したくない）といった内的な（心の）変化である動機から実際の行動へ移るまでの内的過程のことをいう。

　一般的には「やる気」と同じように使われているが、「やる気」に近い用語は「達成動機」と呼ばれ、動機に含まれるものであり、動機づけの一部であることを確認しておきたい。我々が行動を起こすときには、まず動機・欲求があり、それを満たすための（"こうすれば"という）手段的行動と期待する結果・目標（〜できる・しなくてよい）がつながれば手段的行動が実際の行動となって現れていく。この、「動機・欲求 – 手段的行動 – 目標」の一連の流れのことを動機づけという（図 1-1）。

　スポーツ現場での「やる気がない・出ない」という訴えの裏には何か理由がある。それに選手自身が気づいていないこともある。「やる気がない・出ない」と感じたときには、まず動機づけの流れ（図 1-1）を確かめ、どのように動機づけられて今ここにいるのか、またはその競技をしているのかを見直すことから始める。例えば練習場面において、この練習で得ようとする結果・目標が不明確であったり、手段的行動（練習内容）が不適切であったりすることに気づくことができれば、改善への糸口へとつながる。また、（競技）生活全般においてならば、動機と目標が離れていることが考えられるため、〜したい、〜なりたい、という動機を明らかにして目標設定をしていく。

図 1-1　動機づけの流れ

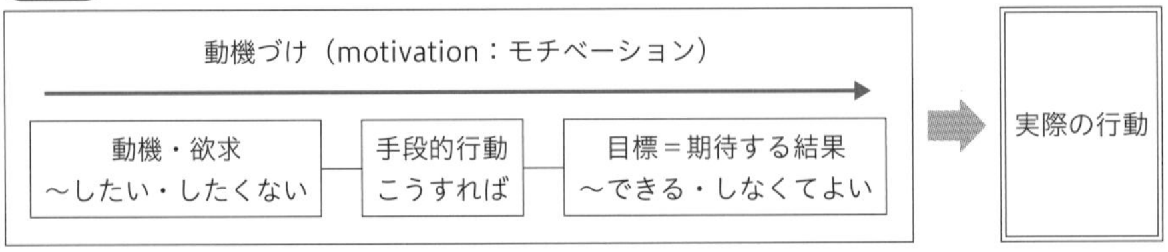

動機づけ（motivation：モチベーション）

| 動機・欲求 〜したい・したくない | 手段的行動 こうすれば | 目標＝期待する結果 〜できる・しなくてよい | ⇒ 実際の行動 |

4 心理サポートの実施にあたって

　心理サポートは、競技力向上を目的とするスポーツメンタルトレーニングと、競技力向上のためだけではないスポーツカウンセリングに大別される。もし、監督・コーチが心理サポートを実施する場合には十分に研鑽を積んでいる必要があり、スポーツメンタルトレーニングの技法や自身の競技経験から得た技法をレクチャーすることに留めることが望ましい。

1 心理サポートの形態

　スポーツ場面での心理サポートは、競技力向上を目的とするスポーツメンタルトレーニングと、競技力向上のためだけではないスポーツカウンセリングに大別される。スポーツメンタルトレーニングは、目標設定、自己分析（パフォーマンス分析）、注意集中のための技法、リラクセーション技法、気分を高揚させるための技法（サイキングアップ技法）などの技法の習得が中心となる。スポーツカウンセリングは、競技者特有の心理的な問題にアプローチをし、問題解決や人間的成長を目指して行われる（表1-7 参照）。実施形態には、集団を対象として主に講習会形式で行われるものと、個人を対象として一対一で行われるものがある。集団を対象として実施する場合にはスポーツメンタルトレーニングの技法をレクチャーされることが多い。個人を対象とする場合には技法をレクチャーされるほか、スポーツカウンセリングとして行われることがある。

　専門家による心理サポートは、選手のみならず、監督・コーチなどの指導スタッフに対しても行われる。指導スタッフの個人的な問題に対してはカウンセリング的なアプローチを提供することもあれば、いわゆるコンサルテーションの形態をとることもある。本来、コンサルテーションとは専門家であるコンサルタントが外の領域の専門家であるコンサルティからの依頼に対して助言・指導を行うことを指している。例えば、コンサルタントであるサポート実施者がコンサルティである監督・コーチへ助言をし、その内容が選手への指導へ反映されるということである。

2 選手への心理サポートは監督・コーチでもできるのか

　スポーツ現場で心理サポートを提供する際に特別な資格は必要ないが、前

提として心理サポートの研鑽を積んでいる必要がある。スポーツメンタルトレーニング指導士、臨床心理士や公認心理師などの有資格者は、取得するまでに専門的な教育を受けてはいるが、大事なことは取得後もさらに学んでいくことであり、有資格者には研鑽の機会が多く与えられている。つまり、研鑽を積んでいれば監督やコーチといった指導スタッフが心理サポートを行ってもよいが、その場合には選手とコーチ・監督という関係と、心理サポート実施者という多重関係となってしまうことに注意したい。特に、プライベートな悩みに対するサポートは、その内容がレギュラーになるかどうかの判断とされることも十分にありうる。また、チームの体制や指導スタッフに対する不満が原因となってパフォーマンスが低下している場合、それを正直に話せないことも想像にたやすい。このような状況の中で、監督・コーチ自らが心理サポートを実施する際には、コンサルテーションの方法を求めることのほかに、技法中心のスポーツメンタルトレーニングの実施が望ましい。アメリカにおいてスポーツメンタルトレーニングは、一流選手へのインタビューをまとめてつくられたことが始まりとして知られている。監督・コーチはその種目の専門家であることから、現役時代に自らが経験してきた技法を応用・適用し、選手にレクチャーすることで十分に効果が得られるものと期待できる。また、選手においてもパフォーマンスの高い選手から話を聞いたり、しぐさを観察して取り入れたりすることも有効と考えられる（第3節1（3）も参照）。

3 これからの心理サポートの展望

　新型コロナウイルス（COVID-19）における2020年の全世界的なパンデミックの中、Web上での心理サポートが盛んに行われるようになった。Web上での心理サポートには、資料を提示してワークを実施するe-learningなどの一方向通信（いわゆるオンデマンド）と、面談などの双方向通信（いわゆるリアルタイム）になるが、それぞれ一長一短があることは予想できよう。例えば、e-learning形式のサポートは選手自身の都合のよい時間帯で行えるという利点があるが、その継続的な実施は動機づけに左右されることや、より高い効果を上げるためにはサポート実施者の介入が必要との指摘もある[17]。また、面談では、一般心理相談において「話しやすい」「緊張しにくい」「心の落ち着き」という作用がある反面、「不安が解消しにくい」という指摘もあり[18]、これはスポーツの心理サポートにおいても同様のことがみられると考えられる。さらに会話中に起きる短時間の通信障害

等のため、聞き直しにより面談の流れが切れてしまうことや、資料を図示したりするときに工夫が必要となったり、技法の理解度の確認がしづらかったりと、技法によっては対面でなければ実施が不可能であったりする。さらに、面談中の画面に映らない選手の行動や姿勢など、その場でなければ分からない雰囲気を感じ取ることは困難になる。

　これらのことに鑑みると、可能な限り対面での実施を試み、状況に合わせて臨機応変に Web 上での心理サポートで対応することが好ましいと気づくであろう。ただ、どのような形であっても「サポート実施者と選手が心理的に触れ合っていること（Two persons are in psychological contact）」[19]を忘れてはならない。

引用文献

１）松井三雄『体育心理学』体育の科学社　1952 年
２）長田一臣『体育心理学』道和書院　1969 年　p.32
３）松田岩男編『運動心理学入門』大修館書店　1976 年　pp.2-8
４）松田岩男『現代保健体育学大系 4　体育心理学』大修館書店　1979 年　p.6
５）日本スポーツ心理学会編『スポーツ心理学事典』大修館書店　2008 年　pp.5-6
６）土屋裕睦「わが国のスポーツ心理学の現状と課題」『心身医学』第 58 巻第 2 号　日本心身医学会　2018 年　pp.159-165
７）Rita, L. A., Richard C. A., Edward E. S., Daryl J. B., Susan Nolen-Hoeksema(1999) *Hilgard's Introduction to Psychology,*(13ed).Harcourt college publishers, 28.
８）市村操一「スポーツにおけるあがりの特性の因子分析的研究（Ⅰ）」『体育学研究』第 9 巻第 2 号　日本体育・スポーツ・健康学会　1965 年　pp.18-22
９）長田一臣『日本人のメンタルトレーニング』スキージャーナル　1995 年
10）三村覚・市川優一郎「自律訓練法の習得過程に関する事例的研究」『大阪産業大学人間環境論集』第 9 巻　大阪産業大学学会　2010 年　pp.97-105
11）楠本恭久「スポーツ領域への適用」笠井仁・佐々木雄二編『現代のエスプリ（自律訓練法）』第 396 号　至文堂　2000 年　pp.179-188
12）日本スポーツ心理学会編『スポーツメンタルトレーニング教本』大修館書店　2002 年
13）徳永幹雄『心理的競技能力診断検査―手引き』トーヨーフィジカル　1995 年
14）立谷泰久・村上貴聡・荒井弘和・宇土昌志・平木貴子「トップアスリートに求められる心理的能力を評価する心理検査の開発」『Journal of High Performance Sport』第 6 巻　日本スポーツ振興センター国立スポーツ科学センター　2020 年　pp.44-61
15）中込四郎「投球失調を呈したある投手への心理療法的接近―投球距離と対人関係の距離―」『スポーツ心理学研究』第 14 巻第 1 号　日本スポーツ心理学会　1987 年　pp.58-62
16）中込四郎「競技引退後の精神内界の適応」『スポーツ心理学研究』第 39 巻第 1 号　日本スポーツ心理学会　2012 年　pp.31-46
17）三村覚・酒井雅裕・宇土昌志・村上雅俊「電子的な認知行動療法システムのアスリートへの心理サポート援用」『大阪産業大学人間環境論集』第 20 巻　大阪産業大学学会　2021 年　pp.13-23
18）岡本悠・松田英子「ビデオチャットカウンセリングの有用性に関する検討―対面カウンセリング及び E メールカウンセリングとの比較―」『メディア教育研究』第 4 巻第 2 号　メディア教育開発センター　2008 年　pp.91-98
19）Rogers, C. R. (1957) The necessary and sufficient conditions of therapeutic personality change. *Journal of Consulting Psychology*, 21(2), 95-103.

①運動心理学と体育心理学の違いは何か述べてみましょう。

....

....

....

②監督・コーチが心理サポートをする場合の条件について述べてみましょう。

....

....

....

③心理サポートで大事なことは何か述べてみましょう。

....

....

....

スポーツ心理学の中でのつながり

　一般的に、体育・スポーツ科学系の大学（学部・学科）や専門学校のカリキュラムにはスポーツ心理学の科目がありますが、そこでは健康（運動）に関すること、教育（体育・保健体育）に関すること、そして競技に関すること、の大きく3つの事柄について扱われています。これらは一見独立した関係のない内容に思われますが、基本的に心に関する事象であるので、例えば健康や教育に関する理論や実践が競技に関する事柄に応用できることを確認しておきたいと思います。

　健康（運動）に関する内容には、「運動を始める－続ける－逆戻り（運動中止）を防止する」ための仕掛けづくりとして、運動継続のための動機づけ支援についての内容や、ストレスマネジメントの内容などが含まれています。動機づけ支援では、トランスセオレティカルモデル（Transtheoretical Model:TTM、通理論モデル・多理論統合モデル）が取り上げられ、行動変容のステージ、行動変容のプロセス（行動変容を促進するための方略）、意志のバランス（運動による恩恵と負担の重みづけ）、行動変容のためのセルフエフィカシー、の4つの基本概念のもとに展開されています[1]。これらを、いわゆる「やる気」になるためのアプローチと考えれば、特にコーチングにおいて大いに参考になると思います。ストレスマネジメントでは、ストレッサー（出来事）によって現れるストレス反応（症状）、ストレッサーをどう考えているのかの認知評価、それらの対処行動などが講じられ、これを理解することでストレスフルな競技生活でのより安寧な過ごし方の一助となるでしょう。

　教育（体育・保健体育）でのテーマからは、学習（運動学習）、心身相関、問題解決、動機づけ、人間関係、指導（言語教示）などを体育・保健体育の学習指導要領から読み取ることができ、講じられる内容を競技に当てはめて考える

ことも容易です。これらのキーワードが出現したときには、例えば、学習は技術が向上するためのコツ、心身相関は心と体の関係から不安などによる体の反応についてのメカニズム、問題解決は練習や試合で起こりうる問題に対しての対応策について、動機づけは質の高い練習や競技継続のための分析（第3節2（2）参照）、人間関係はチーム内での振る舞い方、指導（言語教示）は技術習得のための合理的でより分かりやすい言葉の使い方、などに置き換えて学ぶことで競技場面に応用できます。さらに、ジュニア選手の指導者においては運動嫌いや体育嫌いに関する研究内容（例えば船越[2]）も参考になります。運動や体育嫌いの共通するものとして、子どもの性格的な要因、けがなど外傷体験、過保護や親の運動経験の有無など親－子－生活環境の要因、指導者（教員）に関する要因などが挙げられています。これらの要因は選手の練習参加状況が思わしくないなどといった問題が発生したときに、問題解決の取りかかりとして考えることもできます。

　いずれにせよ、これらは競技者にとっては基本的で重要な、自分自身の自己分析、またはサポートしている選手に対しての選手理解、といったことにつながっていきます。したがって、どのような内容であっても競技には関係ないと決めつけず、自分自身の行動や考え方、あるいは競技特性に関連づけて学ばれることをおすすめします。

［引用文献］
1）竹中晃二「第13章運動行動変容の理論と実際」『健康運動指導士養成講習会テキスト（下）』健康・体力づくり事業財団　2007年　pp.1325-1378
2）船越正康「運動嫌いとその改善策」スポーツ心理学会編『スポーツ心理学Q&A』不昧堂出版　1984年　pp.172-173

自分の特徴を理解する

なぜこの章を学ぶのですか？

　アスリートが自身の心理的な特徴を理解することにより、日常生活や競技生活などの環境に合わせた、効果的な対処法を見いだすことが可能になります。本章ではアスリートとしてどのような点を考慮し、自身の心理的特徴を理解すべきかについて学んでいきます。

第 2 章の学びのポイントは何ですか？

　本章の具体的な学びのポイントについては、下の二次元コードから動画を視聴してください。そして、そのうえで下記の「考えてみよう」にも取り組んでみてください。

考えてみよう

① あなたの心理的な特徴を思いつく限り具体的に書き出してみましょう。また、あなたが理想とする心理的な特徴を具体的に書き出してみましょう（※競技場面と日常場面に区分けして書き出すことも可能です）。

② ①で考えた現実と理想の自分を比較し、その差が生まれている（または理想と現実が合致している）理由を考えてみましょう。

1　自己理解

アスリートが自身の性格や興味・関心を理解したうえで、競技に適応していくことは、パフォーマンスの発揮や向上につながると考えられる。そのために、まずは自分自身の認知的な特徴や行動を吟味、分析していく必要がある。

1　自分を知ることについて

　日常生活や競技生活では、意識して行動を選択していることもあれば、無意識に選択していることもある。人は自分自身について意識している内容だけでも、豊富な情報が含まれており、多彩な動機づけが絡んでいることから[1]、客観的に捉え続けることが難しい。そのため、折を見て自身について理解を深めようとする態度や努力が求められる。その際、自己理解を進めるうえでのメリットやデメリット、留意点について認識しておくことは、健全な振り返りにつながる。

（1）メリットとデメリット

　自身を知るための振り返りとしては、どのようなメリットがあるだろうか。自己に注目することにより目標（理想）とする行動基準が意識され、現在の自身の状態と目標としている行動基準が比較される。そのため、目標とする基準に自身を近づけやすくなる[2]。また、自己に注目することは、意識した内容へのアクセスを強めることから、そこでの情報が利用されやすくなり、客観的に自身を捉えることや、感情状態を敏感に感じ取りやすくなる[3]。加えて、自身を多面的に捉え直そうとすることにより、他者への視点取得[*1]が高くなることや、さらにそれを介して高い共感的配慮にもつながることが示されている[4]。また、同じ境遇（問題）を抱えたアスリートに遭遇すると、孤独感にさいなまれず安心感を抱くこともある。一方で、自身を知っていく作業は、自己に注目を向けなければならないことから、ともすれば目を向けたくない部分に直面してしまい、デメリットになることもある。

＊1　視点取得
他者の立場から世界を想像する、あるいは他者の立場で自分自身を想像する心的過程。

（2）留意点

　自己評価が自身の望む基準よりも下回る場面に遭遇すると、ネガティブな感情を想起することがある。このようなことが続くと、自尊心などが低下していくだろう[5]。また、上記のような例を繰り返し経験することは、自身の

性格や行動などに固定観念として紐づいていくおそれもある。さらに、ネガティブな側面に対して注目し続けることは、抑うつを増強させることが明らかとなっており [6]、メンタルヘルスにも影響を及ぼす可能性がある。このような状況に陥るか否かについては、不適応的な認知の関与が示唆されており [7]、自身の認知的な特徴を理解しておくことは、より良い競技生活につながると考えられる。

2 認知的な特徴について

　多くの人は、日常生活や競技生活における出来事を自身の中で解釈したうえで行動を選択している。その際、直面した出来事をどのように知覚し、考え、感じるかによって選択する行動が異なる。そのため、自身の考え方の特徴を知ることは、自己理解を深めることにつながり、大切な判断をしなければならない場面でも納得した行動選択の可能性を高める。

（1）認知（思考）パターンの探索

　アスリートが競技場面において高い不安を示すときは、調子が悪い、良いパフォーマンスが発揮できない、何度やっても失敗するなど、悲観的で非論理的な思考内容に変化すると考えられている [8]。このようなストレスが高い状態の多くの場面では、認知の偏りが維持されたり、強められたりしている。特徴的な認知としては、①過度の一般化（わずかな経験から広範囲のことを恣意的に結論すること）、②拡大解釈と過小評価（物事の重要性や意義の評価を誤ること）、③完全主義的・二分法的思考（物事の白黒をつけないと気がすまないこと）、④恣意的推論（証拠もないのにネガティブな結論を引き出すこと）、⑤個人化（自分に関係のないネガティブな出来事を自分に関係づけて考えること）、⑥選択的注目（最も明らかなものには目もくれず、些細なネガティブなことだけを重視すること）の6つのパターンがある [9]。競技場面においても、上述したような偏った認知のバランスを調整することができれば、適切な行動をとることができるだろう。そのため、自身の認知の傾向を理解していくことは競技に適応していくために重要である。

（2）認知（思考）の特徴に応じた適応的な対処方略の探索

　皆さんは、「あなたの考え方の特徴はポジティブかネガティブか」と聞かれたらどのように答えるだろうか。近年では、ポジティブな思考とネガティブな思考のどちらかが適応的か不適応的かという二極的な考え方ではなく、

それらの思考は個人の特性や直面している出来事への対処方略によって成果が異なることが明らかにされている[10]。そこでは、4 つの**認知的方略**[*2]に分けられている[11]。

　1 つ目は方略的楽観主義で、過去のパフォーマンスについてポジティブな経験の認知を持ち、それと一致する将来の高い期待を設定している。2 つ目は防衛的悲観主義で、過去の成功体験を認知しているにもかかわらず、将来のパフォーマンスに対して低い期待を設定している[*3]。3 つ目は非現実的楽観主義で、過去のパフォーマンスについてネガティブな経験を認知しているが、将来のパフォーマンスに対して高い期待を設定している。4 つ目は真の悲観主義で、過去のパフォーマンスの経験をネガティブに認知し、将来に対する期待を低く設定している。

　今までの研究では、楽観主義が悲観主義よりも適応的でパフォーマンスが高いとされてきた。しかし、4 つの方略の中で将来に対する期待が低く悲観的である防衛的悲観主義は、将来に対する期待が高く楽観主義である方略的楽観主義と同程度のパフォーマンスを示すことが明らかにされている[12]。方略的楽観主義者は将来の課題（目標）に向けて、あれこれと考えを広げることをせず目の前のことに注視し、準備や努力を行う。また、防衛的悲観主義者はこれから直面する課題（目標）への不安から、失敗につながる可能性について広く考えを巡らせながら入念に準備や努力を行う。この方略的楽観主義と防衛的悲観主義は、考え方は異なるが準備や努力を行うため成果は大きく変わらない。一方で、課題に対して回避的な思考を方略的楽観主義者が用いると、高いパフォーマンスにつながるが、防衛的悲観主義者が用いるとパフォーマンスの低下につながることが明らかとなっており、個人によって適応的に作用する方略が異なる[13]。以上より、ポジティブになることが必ずしも万人に有効的に作用するとは限らないため、自身の特性や考え方の特徴を理解したうえでパフォーマンスにつながる適応的な思考を模索する必要があるだろう。

＊2　認知的方略
問題状況に直面した際に、人が目標や行動に向かうための認知・計画・予期・努力の一貫したパターン。

＊3　防衛的悲観主義
第 3 章 p.42 も参照。

2 パーソナリティ

アスリートが行う競技にも影響するパーソナリティは、遺伝的要因と環境的要因の相互作用によって形成されると考えられている。

1 パーソナリティとは

　パーソナリティの定義は多様に存在するが、主にはその人に特有の比較的一貫した行動傾向や反応傾向を示すことだと考えられている [14]。アスリートが競技を行ううえでは、パーソナリティが影響して望ましい結果をもたらすこともあれば、望まない結果をもたらすこともある。そのため、自身のパーソナリティを形づくる視点を理解しておくことは、自己を知っていく一つの側面となるだろう。

（1）遺伝と環境

　パーソナリティは、生まれつきの遺伝的要因により規定されるか、または生後の環境の中で習得されるかということが古典的に議論されてきた。現在は遺伝的要因と環境的要因との相互作用でパーソナリティが形成されると考えられている [15]。遺伝的要因は生得的に形づくられるため、変えることはできないという特徴がある。一方で環境的要因は、自身が経験してきたことの意味や価値を内省することができるため、それを未来へ生かすことができる。その中でも家庭環境や親の養育態度はパーソナリティに影響を与えると考えられてきたが、それよりも学校や友達関係の方がパーソナリティに影響することが示されている [16]。アスリートの場合は、所属チームや指導者といった競技環境もパーソナリティに影響を与えると考えられるため、日常生活と競技生活の両側面から自己を振り返る必要があるだろう。また、パーソナリティの形成には児童期から青年期までの社会的環境が大きな影響を与えるため、付き合う対象や付き合い方、そこでの経験などが大切になると考えられる [17]。

（2）生物－心理－社会モデル

　パーソナリティは遺伝と環境が相互作用することを述べたが、アスリートのパーソナリティを理解していくためには、それらの具体的な側面について振り返ることも必要であろう。その際の一つとして、生物－心理－社会モデ

ルによる視点を活用することができる。このモデルは、生物（細胞、遺伝、神経）、心理（ストレス、感情、認知、行動）、社会（人間関係、経済状況、文化）という統合的な観点から人間を捉える際に用いられている[18]。このような視点を持つことにより、当事者を取り巻く問題の理解が進むため、対人援助領域で実践されている。アスリートが自身を振り返る際に生物−心理−社会の各側面を参考にすることは、新たな視点を探索しやすくする。加えて、自身の長所として捉えられる視点や、改善すべき視点を内省する機会となるだろう。

2　アスリートのパーソナリティ

アスリートのパーソナリティに関する研究は、スポーツ心理学の領域において以前から盛んに行われてきた。ここでは、アスリートの特徴的なパーソナリティについて紹介するとともに、アスリートとして求められる心理的な適性についても取り上げたい。

（1）アスリートのパーソナリティの特徴

アスリートのパーソナリティの研究として、梶原慶ら[19]はアスリートと非アスリートを比較し、アスリートの方が外向性、誠実性が高く、開放性、調和性が低いことを示している。また、アスリートの中でも競技経験年数が7年以上の者は、それ未満の者より、外向性が高く、神経症傾向が低いという結果を示している。さらにアスリートの中でリーダーを経験した者は、未経験者より外向性、誠実性が高く、神経症傾向が低いという結果を示している。これらの結果から、アスリートのパーソナリティとして特徴的な側面は外向性であると捉えられるだろう。

カーン（Khan, B.）らは[20]、個人種目の競技レベルが高いアスリートを対象として調査し、彼らは外向性、誠実性、開放性、感情の安定性が高いことを示している。その中でも、開放性と外向性は競技レベルが高いアスリートの特徴であると述べており、新規場面での適応性や競争環境でのストレス対処などの側面で肯定的に影響することを示している。一方で、協調性は低い結果を示しており、個人種目の競技スポーツにおける競争環境では好ましい結果をもたらさない可能性を示している。アスリートのパーソナリティを検討するうえでは、競技種目や競技レベルにより直面する環境が多岐にわたるため、それらを考慮して検討する必要があるだろう。

（2）アスリートに求められる心理的適性

アスリートとして求められる心理的適性を理解することは、競技への適応を高め、パフォーマンスの発揮へとつなげられるだろう。この心理的な適性を検討する指標として、わが国では心理的競技能力診断検査（DIPCA.3）[21]がさまざまな競技レベルのアスリートを対象に活用されてきた[*4]。この検査は、「競技意欲」「精神の安定・集中」「自信」「作戦能力」「協調性」の5因子で構成されており、さらに12下位尺度まで詳細に診断することができる。心理的競技能力診断検査の結果は、個人やチームの長所や改善点を知る一つの指標となるため、スポーツメンタルトレーニングでも使用されてきている。一方で、トップアスリートにおける心理的な要素を測定するJISS競技心理検査（J-PATEA）を立谷泰久ら[22]が作成している[*5]。そこでは、試合中の心理面に関する領域を「自己コントロール」「集中力」「イメージ」「自信」、自己理解に関する領域を「一貫性」「自己分析力」「客観性」、競技に対する姿勢や熱心さに関する領域を「目標設定」「モチベーション」「生活管理」で捉えている。この検査を用いて、競技レベル別に比較した結果、国際大会に出場するようなトップレベルのアスリートが高い得点を示したことから、トップアスリートに求められる心理的な要素を評価する際に活用することができると考えられている。

アスリートは競技力の向上や実力を発揮するために、厳しい練習を繰り返しながら、目標に向けて課題を突き詰めていくことや完璧なプレーができるように取り組んでいる。このような姿勢は、競技スポーツにおいて求められる反面、過度に完璧さを求め続けることによりアスリートのメンタルヘルスに影響を及ぼすこともある。そのため、アスリートに求められる心理的な適性を伸ばしつつも、個々のアスリートに応じた心理的な耐性を考慮していく必要があるだろう。また、近年では**スポーツ・インテグリティ**という言葉が取り上げられるようになった。スポーツ・インテグリティは「スポーツが様々な脅威により欠けるところなく、価値ある高潔な状態」[23]を指しており、八百長、違法賭博、ガバナンスの欠如、暴力、ドーピングなどから、スポーツにおける誠実性・健全性・高潔性を守ろうとする取り組みとして注目されている。スポーツ・インテグリティを進めるためには、競技に取り組むアスリートが率先してインテグリティにつながる立ち振る舞いをし、またその取り組みも発信していくことが重要であり、アスリートに求められる心理的な適性の一つとして考えられる。

＊4 心理的競技能力診断検査（DIPCA.3）
第9章 p.147 も参照。

＊5 JISS競技心理検査（J-PATEA）
第8章 p.131、第9章 p.148 も参照。

3 モニタリング

アスリートが自身の特徴を理解していくためには、折に触れて自身を見つめ直すことが求められる（モニタリング）。その際、主観的な振り返りに加え、心理検査のような客観的な振り返りも取り入れることは、自己理解を深めることにつながる。

1 モニタリングとは

モニタリングは、「個人や個人の行動を見つめたり観察したりする過程」[24] といわれている。これをスポーツの場面に置き換えると、心身の状態やパフォーマンスなどの関係を理解するために、定期的・継続的にチェックしていくこととされている[25]。このような作業の繰り返しは、自身の特徴を知るきっかけとなる。そして、そこで得た気づき（学習）を通して、次の行動へとつなげていくことができる。

モニタリングでは、主観的な観察や振り返りだけではなく、客観的な視点も加味することにより、競技場面への適応性をより高めることができると考えられる。客観的に自身の特徴を知っていくためには、アセスメントと呼ばれる方法が有効である。アセスメントとは、アスリートを理解していくために、心理検査などを用いて評価・査定することである[26]。これにより、さまざまな視点からアスリートを包括的に理解することが可能になる。

（1）主観的な振り返り

アスリートの主観的な振り返りでは、競技の結果（成績）をないがしろにすることができない。アスリートは、より良い結果を求めて競技に取り組んでいるため、その結果を念頭に置きながら振り返る必要がある。しかし、結果のよしあしだけに視点が偏ると、積み重ねてきた過程の評価に影響を及ぼす。そのため、実力発揮度を別の指標として設定しておくことが望ましい。また、競技の結果と実力発揮度を加味して、目標の達成度を振り返ることによって、次の大会への方向性も示すことができるだろう。さらに自己理解を詳細に進めるには、自身が置かれている競技や日常の環境面から競技状況を振り返ることも必要であろう。

上述したような情報を確認するには、練習日誌などを利用して、そのときの状況や考え、感情を文字化しておくと、正確な振り返りと評価につなげることができ、次に取り組むべき道筋が明らかになる。その際、身体面や睡眠、

栄養、休養なども含めた多角的な視点からの内省も有効となる。さらに、記入していく際に、実力発揮度や感情の強度などの点数化しやすい事柄については、数値として置き換えると、視覚的にも対比しやすくなる。また、数値を以前と現在で比較しながらその差の理由を探索することで、自己理解を深めることにもつながるだろう。一方で、文章化することが得意なアスリートもいれば、苦手なアスリートもいるため、それぞれの特性に合わせた方法を構築することが必要である。

（2）客観的な振り返り

　自己理解を深めていくと、自身が意識している主観的な側面だけでなく、自身では意識していない側面にも気づくことがある。そのため、客観的な方法を用いた振り返りは、新たな自己を知り、考えるきっかけとなるだろう。アスリートが客観的に振り返る際に多く用いられるアセスメントの方法として心理検査がある。

　心理検査の方法は、質問紙法[*6]、投影法[*7]、作業検査法[*8] に大別される。質問紙法は、簡易に実施でき、評価も手軽に行うことができるため、アスリートが自己理解を深める方法として活用される頻度が高い。競技に特化した心理検査としては、前節で述べた心理的競技能力診断検査（DIPCA.3）が多くの場面で活用されてきたが、近年では JISS 競技心理検査（J-PATEA）が注目されている。一方で、アスリートの個人的な状態や特性を評価する質問紙も活用されている。例えば、気分の状態を測定する POMS®2[*9] や、不安の程度を測定する STAI 状態－特性不安検査[*10] などがある。質問紙は、多種多様に作成されているため、目的に応じて選択する必要がある。その際、活用したい質問紙の信頼性や妥当性を確認することが望まれる。

　投影法の中で多くのアスリートに活用されるのが、風景構成法である。この方法は川、山、田などの指定された風景を描いていくことにより、アスリートの欲求や情緒的側面、不安などの心理的な性質を測定する。結果の解釈には専門性が求められるが、アスリートの内面を探索していくうえでは有用であろう。

　作業検査法では、内田クレペリン検査（UK 法）が挙げられる。この方法は、一桁の数学の連続加算作業により、軽い負荷をかけた状態時の能力の発揮のしかたを測定する。この検査は、集団でも実施できる利点がある。

　心理検査以外の方法としては、生理心理学的指標を用いることがある。心拍などの生体情報を知覚できるように変換し、フィードバックすることによって、心身の状況を理解する方法である。また、現在はアスリートの知的機能を測定する知能検査の活用についても期待されている。知的な活動であ

*6　質問紙法
測定したい内容に関連する項目についてどれくらいあてはまるかを回答させる方法。

*7　投影法
あいまいな刺激を提示し、それに対するアスリートの反応の仕方をもとに測定する方法。

*8　作業検査法
何らかの単純な課題を一定時間行わせ、その成績をもとに測定する方法。

*9　POMS®2
第8章 p.132、第9章 p.150参照。

*10　STAI 状態－特性不安検査
第9章 p.148参照。

る、目や耳を通して入力された情報を整理する、理解する、目的に従って行動する、考える、集中するなどといった側面が影響し、競技場面や日常場面で不適応を起こすこともある。自身の知的な特徴を理解することができれば、不適応を改善するために有効な対処方法を見いだすことができるだろう。

2　アセスメントを実施する際の留意点

　アセスメントの種類や方法を上述したが、留意点を知っておくことはより建設的な自己理解につながると考えられる。

（1）実施上の留意点
　心理検査の目的や方法を理解しないまま実施すると、結果の正確性が損なわれる可能性がある。そこで、主には検査内容、検査方法、検査時間などを理解しておくことが必要であろう。また、検査を実施するにあたり、机や椅子の状態、騒音や空調などの環境も重要になる。さらに、ストレス状況や疲労度、眠気といった、アスリートの取り組み方に影響を及ぼす可能性がある要因にも、できるだけ配慮することが望まれる。一方で、心理検査の種類によっては、実施方法や検査結果の示し方などに専門性が求められるものもある。そのため、適切なアセスメントには、専門家に指導・助言を求めながら進める方がよいだろう。

（2）結果の理解について
　心理検査の結果を自身の特徴だとラベリングすることは建設的ではない。あくまでも、一つの検査方法によって示された心理的特徴であると理解しておく必要がある。上述した実施上の留意点で示した事柄が検査結果に影響を及ぼしている可能性もあるため、結果を俯瞰した状態で解釈することが望まれる。また、心理検査によってはその信頼性を担保するために、期間を空けて再度実施することも大切である。定期的に実施することで検査結果につながった背景も把握できるため、自己理解を深められるだろう。そのほかにも、心理検査の結果の妥当性や信頼性を高める方法としては、性質の異なる検査を実施することも一つである。このことは「テスト・バッテリーを組む」というが、これによって包括的な理解をもたらすことができる。検査結果を解釈する際は、否定的な側面に視点が偏らず、自身の長所や改善点を模索することが重要である。自己の特徴を理解し、前向きな視点で解釈していくことは、モチベーションを高め、成長につながる道標となるだろう。

引用文献

1 ） 北村英哉・内田由紀子編『社会心理学概論』ナカニシヤ出版　2016 年　p.71
2 ） 坂本真士『自己注目と抑うつの社会心理学』東京大学出版会　1997 年　p.57
3 ） 前掲書 2 ）　p.58
4 ） Joireman, J. A., Parrott, III, L., and Hammersla, J. (2002) Empathy and the self-absorption paradox: Support for the distinction between self-rumination and self-reflection. *Self and Identity*, 1(1), 53-65.
5 ） 前掲書 2 ）　p.58
6 ） 森正樹・丹野義彦「抑うつとストレッサーの関連に対する省察の調整作用」『パーソナリティ研究』第 22 巻第 2 号　日本パーソナリティ心理学会　2013 年　pp.189-192
7 ） Teasdale, J. D., and Green, H. A. C. (2004) Ruminative self-focus and autobiographical memory. *Personality and Individual Differences*, 36(8), 1933-1943.
8 ） 日本スポーツ心理学会編『スポーツメンタルトレーニング教本　三訂版』大修館書店　2016 年　p.130
9 ） 丹野義彦・坂本真士・石垣琢磨・杉浦義典・毛利伊吹「抑うつと推論の誤り―推論の誤り尺度（TES）の作成―」『このはな心理臨床ジャーナル』第 4 巻第 1 号　1998 年　pp.55-60
10） 外山美樹「認知的方略の違いがテスト対処方略と学業成績の関係に及ぼす影響―防衛的悲観主義と方略的楽観主義―」『教育心理学研究』第 53 巻第 2 号　日本教育心理学会　2005 年　pp.220-229
11） Norem, J.K., and Cantor, N.(1986) Anticipatory and post hoc cushioning strategies: Optimism and defensive pessimism in "risky" situations. *Cognitive Therapy and Research*, 10(3), 347-362.
12） 前掲書 10）pp.220-229
13） 前掲書 10）pp.220-229
14） 向井希宏・水野邦夫編『心理学概論』ナカニシヤ出版　2016 年　p.227
15） 無藤隆・森敏昭・遠藤由美・玉瀬耕治『心理学　新版』有斐閣　2018 年　p.228
16） サトウタツヤ・渡邊芳之『心理学・入門―心理学はこんなに面白い―改訂版』有斐閣　2019 年　pp.59-60
17） 前掲書 16）p.60
18） 下山晴彦編『よくわかる臨床心理学　改訂新版』ミネルヴァ書房　2009 年　p.37
19） 梶原慶・武良徹文・松田俊「アスリートおよび非アスリートのパーソナリティ―パーソナリティ 5 因子モデルによる探索的調査―」『スポーツ心理学研究』第 28 巻第 1 号　日本スポーツ心理学会　2001 年　pp.57-66
20） Khan, B., Ahmed, A., and Abid, G. (2016) Using the 'Big-Five' —For assessing personality traits of the champions: An insinuation for the sports industry. *Pakistan Journal of Commerce and Social Sciences*, 10(1), 175-191.
21） 徳永幹雄・橋本公雄「心理的競技能力診断検査（DIPCA.3）」トーヨーフィジカル　2000 年
22） 立谷泰久・村上貴聡・荒井弘和・宇土昌志・平木貴子「JISS 競技心理検査（J-PATEA）」大修館書店　2020 年
23） 日本スポーツ振興センター
　　 https://www.jpnsport.go.jp/corp/gyoumu/tabid/516/default.aspx
24） G. R. ファンデンボス監修（繁桝算男・四本裕子監訳）『APA 心理学大辞典』培風館　2013 年　p.879
25） 前掲書 8 ）　p.71
26） 前掲書 8 ）　p.248

学びの確認

①自己理解を深めることにどのようなメリットとデメリット、留意点がありますか。

....
....
....

②あなたが行っている競技種目やポジションで求められる心理的適性にはどのような
　ものがありますか。

....
....
....

③冒頭の「考えてみよう」で書き出した自身の心理的特徴と、本章で学んだ視点を対
　比しながら、自身の心理的特徴を再度探索してみましょう。

....
....
....

知的な側面の理解

　一般に知能という言葉を聞くと、「賢さ」や「頭のよさ」を連想する場合があります。しかし、それだけではなく知能は、脳や神経の働き（機能）として"心"を捉えています[1]。アメリカ心理学会では、知能について、情報の獲得や経験からの学習、環境への適応、理解、あるいは思考や推論の適正な利用を可能にする能力と定義されています[2]。この知能の定義をまとめると、①知識や習慣を新たに学ぶ能力、②学んだことを記憶し、後で再現する能力、③再現が適切かどうか、判断できる能力とされています[3]。これらの能力は、アスリートが競技スポーツに取り組むうえで、パフォーマンスの発揮や向上、それに向けたチームメイトやスタッフとの対人関係にも影響を及ぼす可能性があり、重要になります。

　アスリートの知能の特徴を検討した研究としては、20代前半の5名のアスリートに対して実施されたものがあります[4]。それによると、全体的な知能が一般的な平均よりも高い結果であったうえに、状況や情報に関する推論や判断能力（知覚推理）と情報の維持、操作や処理を行い、結果を生み出す能力（ワーキングメモリ）が平均よりも高い結果を示したことから、アスリート特有の知能や情報処理形態が存在する可能性が指摘されました。そのため、今後はさらに研究が進められることが期待されています。

　一方で、知能の決定要因は、遺伝的要因と環境的要因により形づくられていくという立場が強まっています[5]。また、加齢により新しい場面に適応したり、記憶したりする能力は低下しますが、過去から蓄積された学習経験を高度に適用して得られる判断力や習慣に関する能力は低下しづらいことが明らかとなっています[6]。競技スポーツという枠組みでは、サッカーやバレーボールなどのオープンスキル種目とアーチェリーや陸上競技などのクローズドスキル種目といった、アスリートが取り組む競技種目に

よっても求められる知的な側面が異なると考えられます。そのため、自己理解に向けては個別性を重視して検討する必要があるでしょう。また、競技に求められる知的な側面が競技を継続する中で強化されたのか、もともと遺伝的に高いのかなどを検討していくことは、育成年代のアスリートに有益な情報となる可能性があります。さらに、指導者がアスリートの知的な特徴を理解して指導することができれば、より円滑な競技環境の構築につながると考えられます。

　検査結果を生かすためには、個人に応じた得意な側面と苦手な側面を知り、競技につなげていくことが大切です。そのため、検査結果により得られるさまざまな情報が何を意味しているかについて適切に理解しておく必要があります。知能検査は医療や福祉分野などでよく使用されており、信頼性や妥当性が高い方法ではありますが、自身の特徴を知る一つの視点ということを他の検査と同様に認識しながら取り扱う必要があります。

［引用文献］
1）下山晴彦編『よくわかる臨床心理学　改訂新版』ミネルヴァ書房　2009年　p.54
2）G.R. ファンデンボス監修（繁桝算男・四本裕子監訳）『APA 心理学大辞典』培風館　2013年　p.591
3）向井希宏・水野邦夫編『心理学概論』ナカニシヤ出版　2016年　p.256
4）雨宮怜・吉田昌宏・坂入洋右「発達障害傾向を有する学生アスリートの情報処理方略の特徴とその活用—競技場面における実力発揮と心理的健康、社会的関係性に対する影響性の検討—」『笹川スポーツ研究助成研究成果報告書』笹川スポーツ財団　2018年　pp.272-278
5）前掲書3）　p.258
6）前掲書3）　p.259

memo

なぜこの章を学ぶのですか？

　効果的な認知変容（思考のコントロール）には、思考の在り方によってどのような悪循環が生じているのかを理解し、アスリート自身の認知的特徴を把握したうえで納得できる思考を導き出すなど、具体的な手立てを知る必要があります。そこで本章では、心の問題を理解する際に役立つ理論や自身に適した考え方を身につけるアプローチ法について学んでいきます。

第3章の学びのポイントは何ですか？

　本章の具体的な学びのポイントについては、下の二次元コードから動画を視聴してください。そして、そのうえで下記の「考えてみよう」にも取り組んでみてください。

＼＼ 考えてみよう ／／

① あなたは普段、良いことがあったりうまくいっているときは、どのような考えが頭に浮かびますか？　思いつくだけ箇条書きで書き出してみましょう。

② あなたは普段、失敗したりうまくいかないときに、どのような考えが頭に浮かびますか？　思いつくだけ箇条書きで書き出してみましょう。

1　認知（思考）の問題

　アスリートの認知面のアプローチには、よく積極的思考（ポジティブシンキング）が用いられるが、表層的な思考変容では効果的な対処につながらない可能性がある。近年では、思考がネガティブかポジティブかにかかわらず、思考の機能や有用性に着目することの重要性が指摘されている。

1　アスリートはいつでもポジティブであるべきなのか？

　私たちは、物事がうまく進まなかったり、先の見通しが持ちづらい状況になったりすると、しばしば悲観的に考えてしまうことがある。一方で、物事が比較的うまくいっているときには、前向きに考えていることが多い。私たちの考え方は、その時々の状況の影響を受けてさまざまに変化する。

　アスリートは日々競技と向き合う際、いつも前向きな気持ちで取り組めるわけではなく、後ろ向きの思考や気分の問題に悩まされることがある。例えば、「今日は練習に行きたくないな」と考えてやる気が起きなかったり、失敗すると「何でいつも自分はこうなのだろう」と考えて自分に失望したり、試合では「結果がでなかったらどうしよう」と考えて不安になることがある。このように、日常の考え方と気分・感情の問題には関連性があり、特にネガティブな思考や気分の変動は競技行動に対してマイナスに作用することが多い。

（1）ネガティブシンキングとポジティブシンキングの弊害

　これまでの研究で、ネガティブな事柄についての反芻（何度も繰り返し考え続けること）は抑うつや不安といったメンタルヘルスの問題を引き起こすリスクファクターであり[1][2]、悲観的に考え込むことによって、自己批判が増加し、楽観的思考が抑制され、問題解決能力が阻害されると指摘されている[3]。

　これらの知見からも、否定的思考の問題点は、一過性のネガティブな思考というよりも、考えがネガティブな部分だけに偏ってバランスのとれた見方ができなくなってしまう点にあり、否定的思考はメンタルヘルスの不調や不適応をもたらす原因になることが想定される。さらに、アスリートの場合はネガティブな思考が情緒状態のみならず、競技パフォーマンスに影響してしまうため、「ネガティブな思考をどうにかしたい」と問題意識を持っている

ことが多い。

　このとき、アスリートには物事を前向きに考える積極的思考（ポジティブシンキング）が推奨されることが多いが、無理に積極的な考えを想起しようと試みることで、さらに不安感情を喚起させる可能性がある。実際、無理に積極的な考えを想起した結果、「ポジティブに考えようと思ってもうまくいかない」「そう思えない」と自身の葛藤を強める場合があり、ポジティブになれない自分に対しての悩みを増幅させることもある。

（2）認知（思考）変容の考慮事項

　近年では、自身の思考がネガティブかポジティブかにかかわらず、思考の機能や有用性に着目することの重要性が指摘されている。例えば、ネガティブな思考が機能的に作用する認知特性に防衛的悲観主義（Defensive Pessimism：DP）[*1]と呼ばれる概念が注目されている。DP が高い生産性を発揮するメカニズムとしては、これから起こりうる最悪の結果を考えることで、一時的には不安感情が高まるものの、失敗やミスを防ぐために熟考し、あらゆる準備を徹底することで、結果的に高いパフォーマンスにつながっていると考えられている。つまり、DP の傾向が高い個人は、ネガティブな認知こそが積極的行動を促進する役割を担っているといえる。そのため、単純にネガティブな認知をやめたり、いつでもポジティブになることがよいとはいいきれないのである。

　DP 以外にも、心的外傷後成長（Posttraumatic Growth：PTG）と呼ばれる考え方もある。PTG は「困難な経験に伴う精神的葛藤の結果として生じるポジティブな心理的変容」[5]を示す概念であると説明されている。これは、アスリート自身にとって衝撃的な苦痛を伴う出来事（例えばメンバー落ち、受傷、予期せぬ敗戦など）が必ずしも不適応をもたらすわけではなく、困難な経験から学び、そして成長する個人が存在することを示している。具体的には、「あのときはきつかったけど、あの経験があったから成長できた」と後から振り返ったときに自身の成長を実感するケースである。PTG は無条件に生じるものでなく、ストレスフルな状況下で精神的葛藤をうまく処理するための認知プロセス（状況解釈の仕方、意味づけ、意図的熟考等）や建設的な競技への取り組み方が重要な生起要因として示されている[6) 7) 8)]。

　このように、認知変容（思考のコントロール）を試みる際には、単にネガティブな考えをポジティブにさえすればよいというわけではなく、自身の特性や状況に則した適応的な認知（考え方）を目指すことが大切となる。

＊1　防衛的悲観主義
個人にとって重要な課題に対して「過去の似たような状況において良い成績を修めていると認知しているにも関わらず、これから迎える遂行場面に対して低い期待をもつ認知的方略」[4)]と定義される。第 2 章 p.29 も参照。

2　アスリートのネガティブな思考の問題

　「自分のネガティブな思考を変えたい」と訴えるアスリートの問題には、2 つのケースが考えられる。1 つ目は、競技中にマイナスな思考がよぎり、それが原因でパフォーマンスの乱れが生じる場合である（本章コラム参照）。2 つ目は、競技生活上のストレスに対応しきれず、ネガティブな思考や反芻が原因で精神状態が不安定となり、競技生活全般（意欲の低下、対人関係、身体症状、不眠など）に支障を来している場合である。いずれも「認知（思考）」がパフォーマンスや競技生活に悪影響を及ぼしている例である。前述の認知変容の考慮事項を加味したうえで、このような思考の問題に対応する際には、どのようなアプローチが有効なのだろうか。

2　認知療法

　悪玉となっている、ものの見方や考え方といった「認知（思考）」を標的とし、「認知」を変えて感情や行動を変化させる体系的な心理学的アプローチに、認知療法が挙げられる。認知療法は、認知モデルに基づいて計画・実施される。

　認知療法[*2] は、アーロン・ベック（Beck, A. T.）が 1970 年代にうつ病の治療のために体系化した心理療法である。現在では治療という意味合いのみでなく、広く一般の人のメンタルヘルス向上にも利用されている。認知療法では、物事の捉え方を変化させようとする認知的技法と、実際の振る舞いを変化させようとする行動的技法を用いており、それらの技法は、認知理論もしくは認知モデルに基づいて計画・実施される[9]。

＊2　認知療法
現在「認知療法」という用語は、「認知行動療法」とほぼ同義に用いられている。ベックの認知療法は、構造化された、短期の、現在志向的な心理療法であり、非機能的な思考や行動を修正し、今抱えている問題を解決しようとするものである。

1　認知モデル

　私たちは、同じ刺激を受けていても、その反応は人によって異なる。つまり、その刺激（出来事）をどのように捉えるかには個人差がある。認知療法では、このような刺激に対する反応の違い（個人差）を生み出す要因として「認知」が介在することに着目し（**図 3-1**）、すべての心理学的問題の背景には「非機能的な（役に立たない）思考」があると仮定する[10]。
　具体的に認知療法（または認知行動療法）の基礎になる認知モデルとして

図 3-1 認知モデル

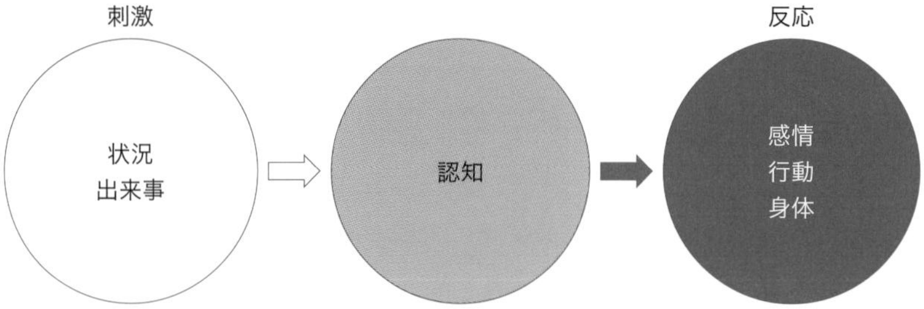

刺激 → 状況 出来事 → 認知 → 反応 感情 行動 身体

出典 ジュディス・S・ベック（伊藤絵美・神村栄一・藤澤大介訳）『認知行動療法実践ガイド：基礎から応用まで　第2版』星和書店　2015年　p.42を一部改変

は、「人の感情や行動、そして身体が、その人の出来事に対する理解の仕方によって影響を受ける」という仮説からなる [11]（図 3-1）。

　例えば、ある選手が「練習でうまくいかずに落ち込んでいる」ときの状況を考えてみよう。この問題を認知モデルに当てはめて考えてみると、「落ち込み（感情）」を生み出すのは「練習でうまくいかなかった（出来事）」そのものではなく、「今日もだめだった」「自分は弱いんだな」などの出来事の認知であると説明できる。言い換えれば、「練習でうまくいかなかった」という出来事自体が精神的苦痛を生み出すのではなく、**自分を苦しめる考え方が否定的感情（例：自己嫌悪）や行動（例：休めない）、身体（例：眠れない）などの問題と関連している**ものと考えるのである。一方で、うまくいかなかった出来事に対しては「もう少しあそこは丁寧にできたな」「次はどうすればいいだろう」といった別の見方や考え方ができれば、その後の感情状態や行動選択にも変化がみられるだろう。このように認知に着目する意義としては、起きてしまった出来事それ自体は変えられないが、認知が自分の意志で変えられる対象となる点にある。

2 自動思考

　先に説明した「認知」という言葉が示す内容には、2つの種類（階層構造）が仮定されている。1つは、さまざまな場面でふと瞬間的に浮かぶ表層的な認知（自動思考）であり、もう1つは、信念や価値観など、通常は意識化されにくい深層にある認知（スキーマ）である。

　認知療法では、自動思考の背景に、スキーマが存在することを仮定して、最終的にこれを変容させることが重要であると考えている [12]。しかし、日常的な困り事は自動思考レベルの問題であることが多く、初めに最も把握しやすい認知である自動思考を見つけて検討し、修正する方法を身につけるこ

図 3-2　自動思考

状況／出来事

アップ中、ほかの選手の試合を見た

自動思考

感情・行動・身体

過度な緊張・不安
足に力が入らなくなる

あ、あの選手大きくなってる

うわ、なんか強そうに見える

勝てなかったらどうしよう

ここで負けてメンバーから外されたらどうしよう

（失敗イメージ）

でも、今まで練習は重ねてきた

ほかの選手の様子や行動が目に入るだけで、
勝手に頭の中で生じる自動思考の内容（例）

とが重要である [13]。そのため、本章では「認知」という用語は基本的に「自動思考」のことを表すこととする。

　前述の通り、自動思考とは、その時々の文脈に応じて、瞬間的・自動的にわき上がってくる思考やイメージである（図 3-2）。例えば、試合会場に着くと色々な選手が目につき、「あ、あの選手は大きくなっているな」「うわ、何か強そうに見える」など、ひとりでに浮かんでくる思考が自動思考である。自動思考には、ネガティブな内容を含むものもあれば、ポジティブなものやニュートラルなものもある。ほかにも、会場の様子や戦術を頭の中で思い浮かべるイメージなども自動思考に含まれる。そのため、少し練習をすれば自動思考は誰でも容易に意識化（キャッチ）できるようになる。

3 自動思考のパターン

　不適応と関連のある自動思考にはいくつかの特徴がある（認知の歪みや推論の誤りといわれる：第2章参照）。例えば、物事の基準を0か100、成功か失敗かの2択で評価する傾向が強い人（全か無か思考）は、あいまいな状況を嫌い、100%の成功以外はすべて失敗と捉える傾向があるため、心身の不調感や不全感を持ちやすい。ほかにも、少し良くないことが起きると過剰に反応し、悪い方の予測をエスカレートさせる破局的思考や、「〜すべき」「〜でなければならない」と考え、自分や他者の行動を厳しく批判するべき思考になることがある。

　このような思考パターンは、ネガティブなストレス反応（不安、落ち込み、怒りなど）との結びつきが強い場合が多く、本人にとっては通常の思考として生起される自動思考の一種であるため、自分では自身を苦しめる思考の悪循環に気づくことができないでいる。しかし、もしアスリート自身が自らの自動思考の特徴に気づき、対応できるようになれば、それが気分や行動の問題をコントロールするきっかけになるだろう。

3 認知再構成法

　ネガティブな認知（自動思考）を修正するための技法である認知再構成法によって自身に適した考えを見つけることで、ストレスを軽減させる効果や環境への効果的な対処を見いだすことが期待できる。

1 認知再構成法とは

　認知再構成法は「過度にネガティブな気分や不適応的な行動を引き起こす認知に焦点をあて、そのような非機能的な認知を自己修正するための技法」と定義されている[14]。 図3-3 は、大島郁葉・安元万佑子によって作成された認知再構成法の概要をイメージする際に有用な図式である。これを見ると、「ストレスや問題となる状況・出来事」において、ネガティブな自動思考が出現すると、気分や行動もネガティブな状態になる。そこで、認知再構成法によって、さまざまな角度から幅広く考えて、もとの認知（自動思考）に新たな認知を加えてみると、ネガティブな気分・感情が軽減され、ストレス反

図 3-3　認知再構成法の変化

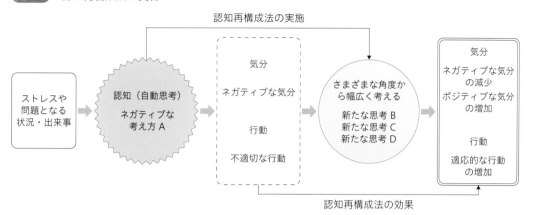

出典　大島郁葉・安元万佑子『認知行動療法を身につける　グループとセルフヘルプのための CBT トレーニング』金剛出版　2011 年　p.98
を一部改変

応から抜け出すための行動が見つかる[15]。

　なお、認知再構成法はネガティブな考えをポジティブに転換する技法ではない。この技法の特徴は、ネガティブな認知に対して「本当にそうなのか？」「ほかの考え方はないか？」を系統的に検証していく中で、より適応的な考えを導き出していく技法である。

2　認知再構成法の手順と思考記録表の活用法

　認知再構成法はいくつかの手続きからなるが、通常は思考記録表と呼ばれるツールを活用して視覚的な手がかりを得ながら進めていく。思考記録表を用いたセルフモニタリング（自己観察）が行えるようになると、自分の認知的特徴を整理・再検討し、修正していくことができるようになる[16]。以下において、A 選手の架空の問題状況を例にとり、思考記録表（表 3-1）を活用した認知再構成法の手順とそれぞれのポイントを示して説明する。なお、表 3-1 の①～③の内容を手順①～③として解説している。

表 3-1 思考記録表（ワークシート）

思考記録表（認知の再構成）

①嫌な気持ち（不安、悲しみ、怒り）を感じたときに、思考と感情を分けて整理してみよう

日時	状況	自動思考（%）	気分・感情（%）
		※この中から検討する自動思考を一つ選択して〇をつけよう	

②さまざまな角度から選択した自動思考を考えよう

根拠（理由）	
反証（理由）	
メリット	
デメリット	
この状況に対してできそうなこと	
楽になる考え	

③②で得られたさまざまな考えをもとに、新たな思考を書き出し、もとの気分・感情を再評定しよう

新たな思考（%）	気分・感情（%）
・　　　　　　　　　　　　　　　　（　　　%）	
・　　　　　　　　　　　　　　　　（　　　%）	
・　　　　　　　　　　　　　　　　（　　　%）	
・　　　　　　　　　　　　　　　　（　　　%）	

④認知再構成法を行ってみた感想

（1）自身の思考（自動思考）と気分・感情を記録する

　最初の手続き（手順①）は、嫌な気持ちになったときの状況・出来事となる一場面を抽出し、そのときの「自動思考」と「気分・感情」を記録する。また、それぞれの自動思考の確信度と気分・感情の強度を 0 ～ 100％で評定する。次に、いくつか出てきた自動思考の中から、検討の対象となる自動思考を一つ選択する（○をつける）。ここでは、自動思考の確信度が高く（強く信じているもの）、ネガティブな感情との結びつきの強い自動思考を選ぶ。

手順①記入例（A 選手の例）

日時	状況	自動思考（％）	気分・感情（％）
12/3	試合で良い結果が得られなかった	・　もうメンバーには選ばれない（70％） ・　周りからの期待を裏切ってしまった（70％） ・　自分は何をしているんだろう（80％） ・　ほかの選手に置いていかれるイメージ（80％） ⊙　頑張れない自分はだめだ（100％） ※この中から検討する自動思考を一つ選択して○をつけよう	落ち込み（100％） 自己嫌悪（90％） 焦り（70％）

　手順①では、「自動思考」と「気分・感情」を区別することが大切である。区別するためのコツとして、「自動思考」の欄は「そのとき、頭の中でどのような考えやイメージが浮かんだか？」を自問しながら書き進めていくとよいだろう。A 選手の例のように、通常は一つの場面に対して複数の自動思考が生じていることが多い。また、「気分・感情」を同定する際、最初のうちはそのときの気持ちがどのようなものであったかについて言語化できない（レパートリーが少ない）ことが多い。そのため、まずはそのときに感じた自分の気持ちにフィットする感情（短い単語）を探し出す練習をする。その後、書き出した内容をモニタリング（観察）することで、気分・感情の変化に対して思考が大きく関与していることを理解する。

　A 選手の記録表を見ると、「頑張れない自分はだめだ（100％）」という思考が、落ち込み（100％）や自己嫌悪（90％）などのネガティブ感情を強めていることに着目する。手順①を 1・2 週間繰り返すと、自身の認知の特徴（推論の誤りなど）が見えてくることがある。まずはモニタリングを通して、否定的感情と相互作用する自動思考の特徴を把握する。

（2）ネガティブな自動思考をさまざまな角度から検討する

　次に、手順①で選んだ一つの自動思考に対して、根拠（自動思考がその通りであることの事実）や反証（自動思考の反対の事実）、その自動思考を信じるメリット・デメリットなど、さまざまな角度から自動思考を検討する（手順②）。

手順②記入例（A選手の例）

根拠（理由）	期待されていたのに大事な試合で結果を残せなかった
反証（理由）	これまで全力で取り組んできた。うまくできた試合もあった
メリット	「自分はだめだ」と思うことによって、やらなくてはいけないことを避けている
デメリット	落ち込みが強まり精神状態が悪くなる。自信がなくなり負のループ
この状況に対してできそうなこと	自分の課題を整理する。Bさんに相談する。練習方法を変えてみる
楽になる考え	自分の心と身体は大切に。時には自分の気持ちに正直になって休んだり、リフレッシュすることも必要ではないか

　手順②では、自動思考以外の考えを検討してみることが大切になる。例えば、A選手の例では「頑張れない自分はだめだ」という自動思考に対して、「どうしてそう考えるのか？（根拠）」「その通りではない事実はあるか？（反証）」などを丁寧に見ていくことで、否定的な自動思考以外の事実や考えに目を向けるきっかけとなる。ほかにも、自動思考を信じるデメリットだけでなく、あえてメリットを検討することは自己探索を深める[17]。ここでは、思考の幅を広げて、新たな思考を案出する際の素材をつくることがねらいとなる。

（3）適応的認知（新たな思考）を案出し、効果を検証する

　手順②によって得られた視点をもとに、適応的認知（新たな思考）を案出する。新たな思考を出し終えたら、それらの確信度を0～100％で評定し、もとの気分・感情の強さを0～100％で再評定する（手順③）。

手順③記入例（A選手の例）

新たな思考（％）	気分・感情（％）
・結果は出なかったけど、今まで全力で取り組んできたことは確か。できるようになったこともある。自分の頑張りにも目を向けよう　　　　　　　　　　（60％）	落ち込み（30％） 自己嫌悪（20％） 焦り（30％） 期待（60％）
・「自分はだめだ」と思い続けていても先に進めない。良い方向に変わることはない　　　　　　　　　　　　　　　　　　　　　　　　　　　　　（80％）	
・頑張れない自分がだめなのではなく、今のメニューをこなすだけではだめということかも　　　　　　　　　　　　　　　　　　　　　　　　　（70％）	
・自分の課題を整理して、その課題を克服するトレーニングをしてみよう。Bさんに相談すれば自分に必要なトレーニングを紹介してくれるかもしれない（90％）	

　適応的思考を案出する際のポイントは、ネガティブな考えを無理にポジティブに捻じ曲げるのではなく、ニュートラルな考えを持てるようになる、もしくは、考え方のレパートリーを増やすことを目標とすることである。そして、新たな思考の内容は、ある程度自身にとって納得できる思考であることが大切である。

　A選手の新たな思考を見てみると、自身を肯定する考えも出てきているが、「『自分はだめだ』と思い続けていても先に進めない」「課題を克服するトレーニングをしてみよう」という考えの方が、80％以上の高い確信度を持てている。そしてこれらの思考を加えてみた結果、ネガティブな感情が100％から30％以下に軽減し、「期待（60％）」というポジティブ感情が新たに生起されている。つまり、これはA選手の感情的苦痛が軽減し、良い精神状態へと回復するプロセスを示している。

　本事例で取り上げたように、なかなか考えがまとまらず、良くない精神状態でずっと過ごしているよりも、認知再構成法によってネガティブな気持ち（感情的苦痛）を減らし、次をどうするかを考える方が生産的であり、新しい考えや取り組みを積極的に活用する中で、新しい考えの有効性を確かめていくことが大切である。最初はなじみのない考え方かもしれないが、習慣化している固定的な考え方以外の考え方ができている点に注目し、新しい考え方を少しずつ実践していくことが、現在苦しめているネガティブな考え方を変容させることにつながる[18]。

（4）繰り返し練習する

　認知再構成法は、最初は難しいと感じ、習得までに少し時間がかかる方法ではあるが、何度も繰り返し練習することで身につくスキルである。アスリートが時間をかけて専門競技の練習やトレーニングに取り組んだ結果、ようやく実力が身につく過程と同じように、認知再構成法による認知のトレーニングを繰り返し実施することで、最終的には、ツールを使わなくても考え方をコントロールする力がつくだろう。

　ただし、認知再構成法も万能ではない。あくまでも思考の柔軟性や多様性を身につけるための一つの技法である。自らの力で対処が難しいと感じる問題については、身近で信頼できる人に相談することも、自身の助けになるだろう。また、必要に応じて専門家の力を借りることも検討してもらいたい。

引用文献

1 ）勝又結菜「自己への怒りが反芻と精神的健康に及ぼす影響」『心理学研究』第 86 巻第 4 号　日本心理学会　2015 年　pp.313-322

2 ）Wong, Q. J. J., and Moulds, M. L. (2009) Impact of rumination versus distraction on anxiety and maladaptive self-beliefs in socially anxious individuals. *Behavior Research and Therapy*, 47(10), 861-867.

3 ）Lyubomirsky, S., Tucker, K. L., Caldwell, N. D., and Berg, K. (1999) Why ruminators are poor problem solvers: Clues from the phenomenology of dysphoric rumination. *Journal of Personality and Social Psychology*, 77(5), 1041-1060.

4 ）Norem, J. K. (2001) Defensive pessimism, optimism, and pessimism. In E.C.Chang(Ed.)*Optimism and pessimism: Implications for theory, research, and practice.* American Psychological Association: Washington, D.C., 77-100.

5 ）Tedeschi, R. G., and Calhoun, L. G. (1996) The Posttraumatic Growth Inventory: measuring the positive legacy of trauma. *Journal of traumatic stress*, 9(3), 455-471

6 ）上條菜美子・湯川進太郎「ストレスフルな体験の反すうと意味づけ―主観的評価と個人特性の影響―」『心理学研究』第 85 巻第 5 号　日本心理学会　2014 年　pp.445-454

7 ）中村珍晴・土屋裕睦・宅香菜子「スポーツ傷害に特化した心的外傷後成長の特徴」『体育学研究』第 63 巻第 1 号　日本体育・スポーツ・健康学会　2018 年　pp.291-304

8 ）Taku, K., Cann, A., Tedeschi, R. G., and Calhoun, L. G. (2009) Intrusive versus deliberate rumination in posttraumatic growth across US and Japanese samples. *Anxiety, Stress, and Coping*, 22(2), 129-136.

9 ）三田村仰『はじめてまなぶ行動療法』金剛出版　2017 年　p.304

10）ジュディス・S・ベック（伊藤絵美・神村栄一・藤澤大介訳）『認知行動療法実践ガイド：基礎から応用まで第 2 版―ジュディス・ベックの認知行動療法テキスト―』星和書店　2015 年　p.3

11）前掲書 10）　p.42

12）前掲書 9 ）　p.37

13）伊藤絵美・石垣琢麿監修、大島郁葉・葉柴陽子・和田聡美・山本裕美子『認知行動療法を提供する―クライアントとともに歩む実践家のためのガイドブック―』金剛出版　2015 年　p.84

14）伊藤絵美「うつ病に対する認知行動療法の適用のポイント―患者の自助を通じて再発を予防するために（第 5 土曜特集　うつ病のすべて）―」『医学のあゆみ』第 219 巻第 13 号　医歯薬出版　2006 年　pp. 971-975

15）伊藤絵美・石垣琢麿監修、大島郁葉・安元万佑子『認知行動療法を身につける―グループとセルフヘルプのための CBT トレーニングブック―』金剛出版　2011 年　p.97

16）坂野雄二監修、鈴木伸一・神村栄一『実践家のための認知行動療法テクニックガイド―行動変容と認知変容のためのキーポイント―』北大路書房　2005 年　pp.101-140

17）前掲書 13）　p.134

18）前掲書 16）　p.123

学びの確認

①心の問題を理解する際に有用な認知モデルとは、どのような理論（モデル）ですか。
自身の問題に当てはめて説明してみましょう。

....
....
....

②認知再構成法とはどのような技法ですか。積極的思考（ポジティブシンキング）と
の違いを説明してみましょう。

....
....
....

③認知再構成法によって、どのような効果が期待できますか。自ら実践し、考え方を
変えると、気分や行動がどのように変わるか試してみましょう。

....
....
....

気持ちの切り替えや注意の切り替えに有効なセルフトーク

アスリートの皆さんの中にも、一瞬よぎった否定的な思考がパフォーマンスに影響し、対戦に敗れたことがある、あるいは失敗したという経験はありませんか。このような一瞬の思考や注意の乱れが競技に影響するという繊細な競技種目では特に、事前に対策を講じることに意義があります。また、種目特性に限らず、練習や試合では常に心身ともに良い状態でいられるわけではないため、その時々の状況や環境に適応させるために、自己に適した方法で自己調整を図ることが大切です。このようなとき、多くのアスリートが用いている認知的対処の一つとして、自己教示が挙げられます。

自己教示とは、自分の気持ちを前向きにしてくれるような言葉や、実行すべき具体的行動の内容などを繰り返し自分に言い聞かせる方法です。特定の言葉を繰り返すことで、その場で必要とされる考えや行動を具体的に自分に示すことができ、それ以外の否定的な考えや後ろ向きな態度が侵入してくるのを抑制する効果があります[1]。スポーツの領域において、自己教示はセルフトーク（Self-Talk：ST）という用語で研究されています。

有冨公教・外山美樹は、パフォーマンスの向上に肯定的・促進的に機能するSTは、個人やその時々の状況（優勢−劣勢）によって異なることを指摘しています[2]。つまり、人によって使用する場面や肯定的STの内容、使い方は異なるため、状況に即したSTを自らアレンジして用いることが重要と考えられます。

自身にとって有効なSTを見つけるためには、自身の競技生活全般を振り返り、どのような場面で対処が必要になるのかといった具体的な場面を特定することが大切です。例えば、試合の入り方、競技中の悪い流れやミスした後など、自身の課題となる場面（うまくいっていないパターン）を把握します。そのうえで、場面ごとに望ましい行動や感情を生起させる肯定的なSTを考案する作業を行います。例えば、①気持ちを落ち着かせるためのST（例「自分のペースを大事にしよう」「良い緊張感は試合前に必要だ」）、②すべき行動を示すST（例「次はこうしよう」）、③否定的な思考や感情を静止するためのST（例「うまくいかなくても自分にできることをやろう」「今は切り替えよう」）、④自分の取り組みに対してポジティブなフィードバックを与えるST（例「よく頑張った自分」「疲れは頑張った証拠」）などが挙げられます。

このように、否定的思考が生起されやすい場面では、どのように考えると役立ちそうかということを事前に考え準備しておくことが大切です。なお、ここでは否定的思考の一時的対処や注意の切り替えに役立つ認知的アプローチの一つとしてSTを取り上げましたが、ほかにも行動的アプローチ（呼吸法やプレ・パフォーマンス・ルーティーンなど）による自己統制の方法もあります。重要なのは、自己に適した方法を探索し、実行し、その有効性を自身の体験によって実証的に明らかにしていくことです。STは、時々刻々と変化する環境（状況）と自己とを結びつけるためのセルフコントロール法といえます。

［引用文献］
1）坂野雄二監修、鈴木伸一・神村栄一『実践家のための認知行動療法テクニックガイド─行動変容と認知変容のためのキーポイント─』北大路書房 2005年 p.136
2）有冨公教・外山美樹「日本人アスリートの競技中に生じる思考の構造および発生傾向の検討」『スポーツ心理学研究』第42巻第1号 日本スポーツ心理学会 2015年 pp.1-14

ネガティブ感情を コントロールする

なぜこの章を学ぶのですか？

アスリートの実力発揮にマイナスの影響を及ぼすといわれているのがネガティブ感情です。そのため本章では、なぜネガティブ感情が実力発揮を阻害してしまうのか、ネガティブ感情が喚起されると人はどのような反応を起こすのか、さらにはネガティブ感情をコントロールするためのスキルについて解説します。

第4章の学びのポイントは何ですか？

本章の具体的な学びのポイントについては、下の二次元コードから動画を視聴してください。そして、そのうえで下記の「考えてみよう」にも取り組んでみてください。

考えてみよう

①
試合中や練習中、トレーニング中に、何らかの要因でネガティブな感情に心が覆われてしまったことはないでしょうか。また、同じような要因に直面しているにもかかわらず、ネガティブな状態にならない人もいます。なぜ人によって喚起される感情が違うのかについて考えてみましょう。

②
今日は全日本選手権大会につながる予選会です。目の前には普段仲の良い先輩が、明らかに不安な顔をしています。この人は、なぜこんなにも不安な顔をしているのでしょうか。また、あなたはどのような関わり方をすることで先輩の不安を和らげることができるのかについて考えてみましょう。

1 ネガティブ感情

ポジティブ感情とネガティブ感情は、それぞれ独立した次元で構成されると考えられている。これらの感情は質問紙を用いて評価することができる。

1 感情とは

　感情とは、誰もが耳にしたことがある言葉である。しかしながら、感情について説明を求められたとき、多くの人が明確な回答をすることはできないだろう。それは、感情という言葉の定義が研究領域や研究者間で異なるからである。これは、日本のみならず海外でも同様である。感情を意味する用語は、emotion や affect、feeling など多岐にわたっており、これらは同義として扱われている。また、近年投稿された心理学やスポーツ心理学に関する研究論文においても、研究者間でさまざまな用語が使用されており、感情を意味する用語は統一されていない。

　感情を主な研究対象として扱う学問は、心理学とそれに関連する学問領域である。それらの領域では、この感情を説明する言葉として、情動と気分を用いている。情動とは、「比較的持続時間が短く、強度の強い感情（競技会場などで、急に生じる強い不安や恐れなど）」と定義され、気分は「比較的持続時間が長く、強度の弱い感情（試合の数日前から生じる漠然とした不安や恐れなど）」と定義されている。本章では、これら 2 つを包括した概念を感情と定義する。

2 ネガティブ感情とは

（1）ポジティブ感情とネガティブ感情

　特定の感情を定義づけすることや、定義した特定の感情を抽出して捉えることは容易なことではない。一方で、ポジティブ感情とネガティブ感情については、その構造の一端が示されている。ワトソン（Watson, D.）らは、1988 年に発表した論文において、過去の研究から①感情はポジティブ感情とネガティブ感情の 2 つの次元に分けることができること、②この 2 つの感情は、独立した 2 つの次元から構成されていることを見いだしている[1]。つまり、ポジティブ感情とネガティブ感情は、一方が高まれば、もう一方が

表 4-1 　ポジティブ感情とネガティブ感情の特徴

	ポジティブ感情	ネガティブ感情
感情	幸せ、喜び、満足、興味、愛　など	怒り、悲しみ、恐れ　など
特徴	幸せや幸福感との関連性がある 高い覚醒感を伴う快感情 特定の行動との関係が認められない	怒り—攻撃行動 恐れ—逃避行動　など 特定の行動との関係が認められる
機能	注意を広める 全体的な認知や処理を高める	注意を狭める 局所的な認知や処理を高める

出典　阿久津洋巳・小田島裕美・宮聡美「ストレス課題によるポジティブ感情とネガティブ感情の変化」『岩手大学教育学部研究年報』68　2008 年　pp.1-8 をもとに作成

低くなるという両極に位置するものではなく、独立した次元で構成されるという考え方である。

　ポジティブ感情とネガティブ感情の特徴について阿久津洋巳らは、ポジティブ感情を高い覚醒感を伴う快感情であり、「幸せ、喜び、満足、興味、愛」などの感情を示すものと定義している[2]。また、ポジティブ感情は、注意を広めて、全体的な認知や処理を高める機能を有している。一方でネガティブ感情は「怒り、悲しみ、恐れ」などの感情を示すものと定義している。また、「怒り」は攻撃行動に、「恐れ」は逃避行動に伴う感情というように、感情と行動との関係は明確であると述べている。さらにネガティブ感情は、注意を狭め、局所的な認知や処理を高めるといわれている（表 4-1）。

（2）ポジティブ感情とネガティブ感情の評価

　先のワトソンらの研究では、ポジティブ感情とネガティブ感情を評価する質問紙として Positive and Negative Affect Schedule（PANAS）を作成している。この質問紙を用いることにより、それぞれの感情の程度を捉えることが可能となった。この質問紙は英文で作成されているが、後に佐藤徳と安田朝子により日本語版 PANAS（表 4-2）が作成されている。

　日本語版 PANAS では、ポジティブ感情とネガティブ感情の各 8 項目の合計点から現在の気分を評価することができる。競技スポーツにおける感情経験を扱った研究の多くは、日本語版 PANAS を用いている。それらの研究では、日本を代表するトップアスリートや大学生アスリートなどの競技者を対象に、試合や練習、トレーニング時の感情の変化、受傷や挫折経験が感情に及ぼす影響について検討しており、多くの研究成果が示されている。

表 4-2　日本語版 PANAS

	項目	全く当てはまらない	当てはまらない	どちらかといえば当てはまらない	どちらかといえば当てはまる	当てはまる	非常によく当てはまる
ネガティブ感情	1　びくびくした	1	2	3	4	5	6
	2　おびえた	1	2	3	4	5	6
	3　うろたえた	1	2	3	4	5	6
	4　心配した	1	2	3	4	5	6
	5　苦悩した	1	2	3	4	5	6
	6　ぴりぴりした	1	2	3	4	5	6
	7　恥じた	1	2	3	4	5	6
	8　いらだった	1	2	3	4	5	6
ポジティブ感情	9　活気のある	1	2	3	4	5	6
	10　誇らしい	1	2	3	4	5	6
	11　強気な	1	2	3	4	5	6
	12　気合の入った	1	2	3	4	5	6
	13　きっぱりとした	1	2	3	4	5	6
	14　わくわくした	1	2	3	4	5	6
	15　機敏な	1	2	3	4	5	6
	16　熱狂した	1	2	3	4	5	6

出典　佐藤徳・安田朝子「日本語版 PANAS の作成」『性格心理学研究』9（2）　2001 年　pp.138-139 をもとに作成

（3）ポジティブ感情とネガティブ感情の測定

　ここでは、実際に現在のあなたの気分（ポジティブ感情・ネガティブ感情）を測定してみる。「現在のあなたの気分」について、表 4-2 にある 16 項目に対して「全く当てはまらない（1 点）」から「非常によく当てはまる（6 点）」までの 6 つの回答内容より 1 つを選択する。次に、すべての項目について回答を終えたら、ネガティブ感情とポジティブ感情の各 8 項目の回答の合計得点を算出する。以上の手続きにより、簡便に現在の気分を得点化することができる。また、教示方法を「ここ 1 か月の間にどの程度各気分を体験したか」とすることで、比較的長い間の感情経験の測定も可能である[*1]。

　これらの回答から得点化された感情の評価については、注意が必要である。それは、この 2 つの感情が独立した 2 つの次元から構成されているため、単純な比較ができないからである。そのため、「ポジティブ感情得点とネガティブ感情得点を比べた結果、ポジティブ感情得点の方が高いから、自分は今ポジティブな状態なんだ！」というような解釈はできない。まずは、事前にポジティブでもネガティブでもない状況において、それぞれの感情を得点化し、両感情得点とさまざまな状況間で比較することにより、回答者の感情を適正に評価することが可能となる。

＊1　回答を「全くなかった（1 点）」「めったになかった（2 点）」「ときどきあった（3 点）」「しばしばあった（4 点）」「ほとんどいつもそうだった（5 点）」「いつもそうだった（6 点）」とすることで、1 か月間における各感情の経験頻度を得点化することができる。

（4）競技スポーツと感情

　日本語版 PANAS は、日常生活における感情を評価することを目的に作成されており、スポーツの競技性については言及されていない。そのため、スポーツ場面における感情経験を加味した質問項目であるかは議論の余地がある[3]。また、スポーツ場面と一言で言っても、状況によって喚起される感情は異なる。そのため、質問紙を用いるタイミングについても注意する必要がある。そこで水落文夫は、これらの争点を勘案し、大会時における感情を評価するための質問紙「大学生スポーツ選手のスポーツ・パフォーマンスを予測する感情状態尺度：ASSSPP」を作成している（表4-3）。この質問紙は、大学生アスリートを対象として、感情状態を快−不快、高活性−低活性の次元で表し、大会やプレーが始まる前の感情を以下の4つの領域から評価する[4]。さらに、水落の研究からは、快領域の感情がパフォーマンスの向上を導くこと、不快領域がパフォーマンスの低下を導くことが示されている。加えて、試合時においては、低活性・快感情の状態はパフォーマンスの向上に、高活性・不快感情の状態はパフォーマンスの低下を予測することが示されている。つまり、競技スポーツにおいては、必ずしも快感情＝無害、不快感情＝有害ではなく、興奮や沈静などの心理的な活性状態も影響している[5]。

1．高活性・快：興奮した、活発な、エネルギッシュな、楽しい
2．低活性・快：安定した、リラックスした、自信に満ちた、落ち着いた
3．高活性・不快：硬い、動揺した、迷った、不安な
4．低活性・不快：憂うつな、無気力な、いらいらした、落ち込んだ

（5）質問紙の活用方法

　日本語版 PANAS と ASSSPP は、その時々で使い分けることによって、アスリートの感情の変化を的確に捉えることができる。

　例えば、日本語版 PANAS では、現在の気分とここ1か月の間の気分を評価することができる。これらを活用して、日常の練習場面における感情の変化を評価することはもちろん、寮生活や合宿生活などの長期的な競技生活における感情の変化を評価することができる。慢性的なネガティブ感情の経験は、精神的健康を阻害することが報告されていることからも、日本語版 PANAS は、競技者の日常的な精神面の健康管理にも有用な指標となる。

　また、ASSSPP は、大会時の気分を測定することに特化していることから、各アスリートの最も実力を発揮しやすい感情の状態を明らかにすること、さらにはその状態にいかにして近づけていくかを検討する指標になる。

表 4-3　大学生スポーツ選手のスポーツ・パフォーマンスを予測する感情状態尺度

大学生スポーツ選手のスポーツ・パフォーマンスを予測する感情状態尺度

この尺度は、あなたが現在あるいは過去に行っていた競技活動の試合を想定しています。今現在の気持ち（感情）、あるいは想定した試合やプレーの始まる前の自分の気持ち（感情）の当てはまり具合について、すべての項目の 1 ～ 6 の番号に○印を付けてください。

過去の試合を思い出して回答する場合は、以下の要領で想定した試合をイメージします。

それでは、まずイメージします。
　1 分間、目を閉じてリラックスします。
　2 分間、その試合をイメージします。

イメージは鮮明でしたか？　○で囲んでください。⇒ （ はい ・ まあまあ ・ いいえ ）

		全く当てはまらない	当てはまらない	どちらかといえば当てはまらない	どちらかといえば当てはまる	当てはまる	非常によく当てはまる
1	活発な	1	2	3	4	5	6
2	動揺した	1	2	3	4	5	6
3	リラックスした	1	2	3	4	5	6
4	憂うつな	1	2	3	4	5	6
5	エネルギッシュな	1	2	3	4	5	6
6	迷った	1	2	3	4	5	6
7	自信に満ちた	1	2	3	4	5	6
8	無気力な	1	2	3	4	5	6
9	楽しい	1	2	3	4	5	6
10	かたい	1	2	3	4	5	6
11	落ちついた	1	2	3	4	5	6
12	イライラした	1	2	3	4	5	6
13	興奮した	1	2	3	4	5	6
14	不安な	1	2	3	4	5	6
15	安定した	1	2	3	4	5	6
16	落ち込んだ	1	2	3	4	5	6

出典　水落文夫「スポーツ競技のパフォーマンスを予測する感情状態の評価に関する研究—心理的ストレスの生理指標との関連による検討—」2018 年　p.152

（6）ネガティビティ・バイアス

　人は、生得的にネガティブな情報に価値があると判断してしまう。人の判断として、一般にネガティブな情報はポジティブな情報よりも情報価が高く、人が行う判断に大きな影響を及ぼす傾向があるとされており[6]、これをネガティビティ・バイアス（ネガティビティ効果）という。

　試合や練習におけるパフォーマンスは、心理、技術、体力、環境などのあ

らゆる要素が複合的に作用し合って発揮されるが、それらすべての要素が万全の状態で競技に臨める機会は、そう多くないだろう。アスリートの多くは、日常的に少なからず不安要素を抱えた状態で競技と向き合っている。また試合では、日常とは異なる条件として、ライバルの存在や競技会独特の雰囲気、競技成績などといった心理的プレッシャーなどがある。それら一つ一つは、漠然とした小さな不安要素かもしれないが、ネガティビティ・バイアスにより注意が集まる。そして、それらの不安要素は、自身へのネガティブな要因として知覚されてしまうことがある。

　一方で、ネガティブな要素を知覚するだけでは、ネガティブ感情は喚起されない。次節では、ネガティブ感情が喚起されるメカニズムについて説明するとともに、ネガティブ感情によりどのような反応が起こるのか、そして、それらがなぜパフォーマンスの発揮を阻害してしまうのかについて解説する。

2 ネガティブ感情と反応

　ネガティブ感情が喚起されるプロセスはトランスアクションモデルで説明することができる。また、ネガティブ感情が喚起された際は、心理・生理・行動といった側面に反応が出る。

1 ネガティブ感情の喚起

（1）ネガティブ感情の喚起と失敗経験

　前節の2項（6）では、ネガティビティ・バイアスにより、ネガティブ要素に注意が集まり、知覚してしまうことについて説明した。ここでは、ネガティブ要素を知覚することからネガティブ感情が喚起されるまでのメカニズムについて解説する。

　アスリートにおいては、少なからず不安などのネガティブ感情を喚起した状態で競技に取り組むことがある。ここには、技術や体力などの要因をはじめ、天候や施設用具などの物理的要因、寝不足や疲労などの生理的要因、不安や緊張などの心理的要因などが関係している。さらに、過去の失敗経験から、ネガティブ感情を喚起する要因になるか否かを判断してしまう。これは、ラザルス（Lazarus, R. S.）とフォルクマン（Folkman, S.）のトランスアクションモデルから説明することができる。

（2）ネガティブ感情が喚起されるまでのプロセス

　人は外的な刺激（ストレッサー）に対して、まずは認知的な評価を行う 図4-1 。そこでは、脅威的で有害なものかを評価する一次的評価と、対応できるか否か等を評価する二次的評価が行われる。この評価は、過去の経験やこれまでに得られた情報に基づいている。例えば大会で、これまでの経験から実力発揮を阻害する出来事（ストレッサーの知覚）が起こったと認知的に評価した場合は、情動的反応としてネガティブ感情を喚起することがある。特に、不安傾向が強い特性を持つ選手は、ストレッサーに過剰に反応しやすいといわれている。

　一方で同じような状況に置かれてストレッサーを知覚しても、ネガティブ感情を喚起しない選手もいる。これは、過去の経験から実力発揮を阻害する要因にならないと（無関係、無害）認知している場合と、ストレッサーから脱却する方法（対処行動）を有している場合が関係している。対処行動が有効に働く場合は、外的な刺激に適応することができるが、対処行動がうまく機能しない場合は、再度、認知的に評価を行い（再評価）、前述と同じプロセスを繰り返すといわれている。再評価では、実施した対処行動やストレスフルな経験等から得られた情報をもとに、出来事への認知的な評価の基準が変化し、その後の対処行動に有効に作用することがある。例えば、全日本選手権などの大きな大会に初めて出場した際に、緊張からネガティブ感情が喚起され、頭が真っ白になり実力が発揮できなかった選手が、翌年の大会では自身の情動的な反応を予測し、対処行動をとる場合などである。

図4-1　トランスアクションモデル

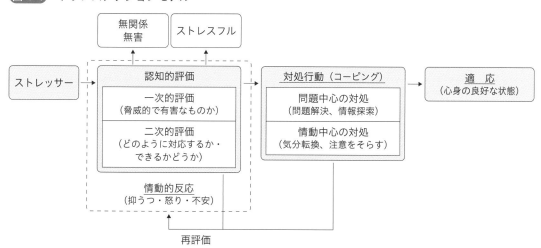

出典　リチャード・S・ラザルス、スーザン・フォルクスマン（本明寛・春木豊・織田正美監訳）『ストレスの心理学－認知的評価と対処の研究』実務教育出版　1991 年　pp.3-289 の内容をもとに筆者作成

2 心理反応・生理反応・行動反応

ダーウィン（Darwin, C. R.）は、「感情は、進化の長い淘汰の産物であり、ヒトを含む動物は、系統発生的に連続した、感情に固有の心理反応、生理反応をもつ」[7]と考えた。また、昨今の研究では、スポーツ競技におけるネガティブ感情の反応として、行動反応を表出することが説明されている。

アスリートの多くが経験する、大会において喚起されるさまざまな感情は、トレーニングや練習時、日常生活で喚起される感情とは異なる。その反応は、個々の選手が定める "大会の位置づけ" によってもさまざまであろう。特に、予選会をはじめとする、その後の競技活動に大きく関わるような重要な大会に位置づけられる場合においては、喚起される感情もそれに伴う反応も強く大きくなることが予想される。これらの感情は、大会独特の雰囲気がある、他者の評価、課題の困難さ、報酬と罰、結果の予測などを起因として喚起される。

また、大会において喚起される脅威的な感情を伴うネガティブ感情は、実力発揮を阻害する要因といわれている[8]。これは、脳活動からも説明することができる。感情に関与している前頭前野は、運動制御の中枢との関連性も示されており、感情の変化によって運動神経への伝達経路が変化し、パフォーマンスの質が変化するのである。ここからは、ネガティブ感情が喚起された際、人がどのような反応を示すのかについて、心理反応、生理反応、行動反応の3つから解説する。

（1）心理反応

心理反応は、これまでに説明してきた怒り、悲しみ、恐れなどのネガティブ感情が起因となって表出される反応である。怒り感情は、イライラや不愉快な気分を喚起させる。また、不安感情は、悲しい気分や気持ちが沈むような心理反応を起こす。心理反応の特徴としては、非常に強い緊張感や不快感を喚起させることが挙げられる（表4-4）。ネガティブ感情は、注意を狭め、局所的な認知や処理を高める機能があることからも、周りが見えなくなり、ある特定のことしか考えることができない心理状態に誘導することがある。

（2）生理反応

人は感情の変化に合わせて、生理的に反応する。怒り、悲しみ、恐れなどのネガティブ感情が喚起された場合は、心臓の鼓動が大きく早くなったり、呼吸が乱れたり、局所的な発汗や表情のこわばりなどのさまざまな反応が起

こる（ 表 4-4 ）。これらの反応は一般的に闘争か逃走か（fight-or-flight）反応と呼ばれ、生存率を高めるための行動（身体的運動）の準備として、進化の過程で人が身につけた反応といわれている [9]。つまり、生理反応は人が生まれながらにして獲得している機能であり、ネガティブ感情が喚起されるような状況下において、さまざまな反応が起こることは、人であれば当然の反応といえる。

　これらの反応は、扁桃体の働きにより起こる。扁桃体には、視床下部などに神経を送っている。視床下部をはじめとする脳部位の一部は、「自律神経や内分泌系の働きを制御する機能や感情に関係した行動を起こす機能」 [10] がある。そして、視床下部は、ネガティブ感情を認知した後に生理反応を起こすスイッチの役割を担っている。

（3）行動反応

　感情は多様にあるものの、ネガティブ感情の行動との関係性については明確であるといわれている [11]。例えば、怒りは攻撃行動を喚起し、恐怖は逃避行動を喚起させる（ 表 4-4 ）。また、強力なライバルの存在など、きっかけはさまざまであるが、アスリートは大会時における心理的プレッシャーの中で、よりリスクの高い行動を選択することが報告されている [12]。例えば、「あるテニス選手は、自分より明らかに競技レベルが高いと認識した選手と対戦するときは、ミスを起こしやすいリスクの高いショットを選択する」 [13] ことがある。この意思決定プロセスについては、スポーツ研究領域ではなく、行動経済学におけるプロスペクト理論 [*2] からの示唆であるが、今後はスポーツ研究領域への応用が期待される。

　表 4-4　主な心理、生理、行動反応の例

心理反応	生理反応	行動反応
集中力の低下、周りの雑音が気になる、落ち着きがない、勝敗への過度の意識　など	手足の震え、表情のこわばり、身震い、心拍数の増加、発汗、喉の渇き、血圧上昇、尿意、体温の上昇　など	ミスの増加、攻撃行動、不必要な行動、力み、タイミングやリズムの狂い　など

出典　橋本公雄・徳永幹雄・多々納秀雄・金崎良三「スポーツにおける競技特性不安尺度（TAIS）の信頼性と妥当性」
　　　『健康科学』第 15 号　1993 年　pp.39-49、佐久間春夫「不安がパフォーマンスに与える影響」『体育の科学』
　　　第 47 巻 3 号　1997 年　pp.175-179 をもとに作成

＊2　プロスペクト理論
この理論は、従来の理論では説明が困難とされた人間の意思決定パターンをより現実的に説明するために提案された。具体的には、利得と損失の評価の非対称性とリスクの評価である。この理論では、人間は必ずしも合理的な評価ばかりではなく、状況によってはリスクを伴う非合理的な評価をすることがあることを説明している。

3 ネガティブ感情をコントロールするためのスキル

ネガティブ感情をコントロールするためのスキルとして、認知行動療法やマインドフルネスなどがある。

　図 4-1 のトランスアクションモデルでも述べた通り、人はストレッサーにより怒りや不安などのネガティブ感情が喚起される。そして、この喚起された感情をコントロールするためには、ストレッサーそのものの解決を行う問題中心の対処と、喚起されたネガティブ感情による反応を抑えるための対処を行う情動中心の対処がある。

1 問題中心の対処

(1) 問題中心の対処（感情体験や行動の言語化）

　大会や練習などで経験するさまざまな感情や反応には、ある特定のパターンがある。感情をコントロールするためには、ポジティブ感情やネガティブ感情が喚起した際の自身の特徴を把握する必要がある。そこで有効な方法は、ABC 理論や情動制御のプロセスモデルを用いて自身の感情体験や行動を言語化することである（図 4-2 図 4-3）。ABC 理論とは、エリス（Ellis, A.）が 1955 年に提唱した理論であり、感情反応がどのようにして起こるのかを Activating event（出来事）、Belief（思考・信念・考え方）、Consequence（感情・行動）の 3 つから表すものである。

　この ABC 理論を用いて、自身がこれまでに経験したネガティブ感情やそれに伴う反応を A・B・C に分けてノートなどに書き出し、言語化する。これによって、自分の心の中で行われている会話（セルフトーク）に気づくことができ、考え方の特徴を把握することができる。ポジティブなセルフトークはパフォーマンスに効果的に作用するが、ネガティブなセルフトークは不安や恐怖の感情を増大させ、自信を低下させる。自己分析を行う際は、科学者になったつもりで、自身を客観的に分析することが求められ、考え方や行動に対して、良い・悪いといった評価をしないように注意する。

　また、グロス（Gross, J. J.）は，情動を制御するプロセスについて説明し、その処理過程についても言及している[14]。そこでは、感情が喚起される前の制御（先行焦点型感情制御）と感情が喚起された後に行われる制御（反応焦点型感情制御）について言及し、双方の有効性を示している（図 4-3）。

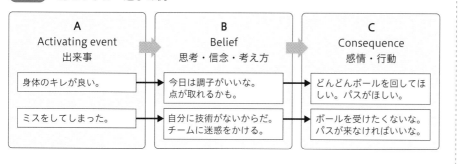

図 4-2　あるサッカー選手の例

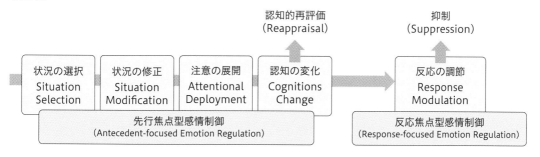

図 4-3　情動調節のプロセスモデル

前者は認知的再評価を用いた、感情のコントロールである。具体的には、重要な大会を前にさまざまな状況から喚起されるネガティブな情動に、ただただされて翻弄されるのではなく、自身が置かれている状況を客観的に分析することにより、解決策を見いだす方法である。例えば、不安からくる感情により、前日に眠れないような状況が予想される場合に、入眠のための工夫（食事や入浴の時間の工夫）をするなどである。後者は、事前に情動のコントロール方法を習得しておき、状況に応じて喚起した情動を抑制する方法である。例えば、メンタルトレーニングによる心理的スキル（リラクセーション技法など）の獲得などである。

（2）問題中心の対処（認知行動療法）

　ABC 理論にて自身の考え方の特徴が把握できた場合に、次のステップとして認知行動療法がある。認知行動療法とは、ネガティブな出来事への認知とそれに伴う感情や行動に対して、悪循環となりえるものを見つけ出し、それを良い循環へと変えることにより、ネガティブ感情の低減を試みる方法である。
　図 4-2 のサッカー選手は、自身のミスに対して、「自分に技術がない」という考え方から、「ボールを受けたくない」という悪循環に陥っている。ここでミスの原因を自身の技術不足と決めつけずに、「本当にそのミスは技術がないために起こったのか？　ほかに原因があったのではないか」という、問題解決に目を向けた考え方や取り組み方を変化させることで、ネガティブ

感情を抑制することができる。

　認知行動療法を行う際の注意事項として、監督やコーチ、チームメイトなどの他者と協働して取り組むことが求められる。それは、他者との意見交換により、出来事を多面的に捉えることができるからである。さまざまな視点から認知や行動について検討することで、新たな考え方に触れることができ、その後に喚起される感情や行動も変化する。

2 情動中心の対処

（1）情動中心の対処（マインドフルネス）

　大会や練習では、ネガティブな要因に気を取られると、そのことに意識が向いてしまい、その後も心に残り続けることがある。このような状態から、注意を今やるべきことに戻すためには、自身の注意を意図的にコントロールする必要がある。そこで有効な方法がマインドフルネスである。

　マインドフルネスとは、「意図的に、その瞬間に、判断をせずに注意を向けること」を意味しており、医療や心理療法のみならず、近年では競技スポーツにも応用されている。また、試合や練習において、マインドフルネスは、自己コントロール能力やリラクセーション能力など、心身を調整する能力の向上にも寄与することが確認されており[15]、アスリートの競技力向上や実力発揮を促進する技法としても注目されている。本技法により、ネガティブ感情をコントロールすることが期待されている。

　具体的には、下記の方法をトレーニングとして日々の練習で行い、試合では注意がそれたと感じたときに実施して、今やるべきことに注意を向け直すとよいだろう。

マインドフルネスの実践例（1回15分）

---

1. 仰向けあるいは椅子に座った状態で楽な姿勢をとり、目を閉じる。
2. 目を閉じて腹式呼吸を行い、腹部に注意を集中させる。
3. 呼吸のすべての瞬間に意識を集中させる。
4. 呼吸から注意が離れたことに気づいたら、注意をそらせたものを確認してから、再度呼吸に注意を戻す。
5. 何度も注意が離れても、そのたびに静かに腹部に注意を戻し、呼吸を感じとる。

（2）情動中心の対処（ネガティブ感情とセルフコンパッション）

　セルフコンパッションとは、self（自身）へのcompassion（思いやり）を意味し、2003年にネフ（Neff, K. D.）により提唱された比較的新しい概

念である[16]。「精神的につらい状況において、自己に生じた苦痛をありのまま受け入れ、その苦痛を緩和させるような、思いやりに溢れた自己との関わり方である」と定義されている[17]。セルフコンパッションには、3 つの要素があり、①失敗などに対して、自身を批判するのではなく、思いやりをもって理解してあげること、②つらい状況などについて、自身のみに起こるのではなく、誰しもが経験することであると捉えること、③苦しい状況に陥ってもあらがうことなく、ありのままを受け入れることである。

　競技スポーツを行っていれば、ネガティブ感情が喚起するような状況は、誰もが経験する。例えば、大会で実力が発揮できないときや、けがにより競技から離脱したときなど、状況はさまざまであろう。セルフコンパッションは、そのような状況から喚起されたネガティブな感情からの回復を促進させる[18]。

（3）情動中心の対処（ネガティブ感情からの回避・再評価）

　さまざまな方法でネガティブ感情のコントロールを試みても、解決に至らないこともある。それは、ネガティブ感情を喚起する要因が一過性のものもあれば、継続的に発生している場合もあるためである。例えば、監督・コーチ・チームメイトとの人間関係、スランプなどがある。このような場合においては、ネガティブ感情をコントロールする方法として、回避や再評価がある。回避とは、気晴らし（ショッピングや映画鑑賞）などを通じて、ネガティブ感情をできるだけ意識の外に置こうとする試みである。また、再評価とは、ネガティブ感情を喚起させた要因について、自身の認知（受け止め方）をネガティブ感情が低減するように解釈とアレンジする方法である。

引用文献

1 ）Watson, D., Clark, L. A., and Tellegen, A. (1988) Development and validation of brief measures of positive and negative affect: the PANAS scales. *Journal of personality and social psychology*, 54(6), 1063-1070.

2 ）阿久津洋巳・小田島裕美・宮聡美「ストレス課題によるポジティブ感情 とネガティブ感情の変化」『岩手大学教育学部研究年報』第 68 巻　岩手大学教育学部　2008 年　pp.1-8

3 ）水落文夫「スポーツ競技のパフォーマンスを予測する感情状態の評価に関する研究—心理的ストレスの生理指標との関連による検討—」2018 年　pp.2-28

4 ）前掲書 3 ）　pp.2-28

5 ）前掲書 3 ）　pp.98-120

6 ）中島義明・安藤清志・子安増生・坂野雄二・繁桝算男・立花政夫・箱田裕司『心理学辞典』有斐閣　1999 年　p.671

7 ）前掲書 6 ）　p.141

8 ）Meijen, C., Turner, M., Jones, M., Sheffield, D., and McCarthy, P. (2020) A theory of challenge and threat states in athletes: A revised conceptualisation. *Frontiers in Psychology,* 11.

9 ）大平英樹『感情心理学・入門』有斐閣　2010 年　p.40

10）前掲書 9 ）　p.40

11）前掲書 3 ）　pp.2-28

12) 前掲書3） pp.2-28

13) 前掲書3） pp.98-120

14) Gross, J. J. (2001). Emotion regulation in adulthood: Timing is everything. *Current Directions in Psychological Science*, 10(6), 214-219.

15) J．カバットジン（春木豊訳）『マインドフルネス ストレス逓減法』北大路書房　2007 年　pp.49-50

16) Neff, K. D. (2003) Self-compassion: An alternative conceptualization of a healthy attitude toward oneself. *Self and Identity*, 2, 85-101.

17) 宮川裕基・谷口淳一「日本語版セルフコンパッション反応尺度（SCRI-J）の作成」『心理学研究』第 87 巻 1 号　日本心理学会　2016 年　pp.70-78

18) Zhang, N., Huang, J., and Yao, J. (2023) Athletes' self-compassion and emotional resilience to failure: the mediating role of vagal reactivity. *Frontiers in Psychology*, 14.

参考文献

・佐藤徳・安田朝子「日本語版 PANAS の作成」『性格心理学研究』第 9 巻第 2 号　日本パーソナリティ心理学会　2001 年　pp.138-139

・岡村裕「進化心理学からみたマインドフルネスの現代的意味」『杏林社会科学研究』第 35 巻第 4 号　杏林大学社会科学学会　2020 年　pp.1-29

学びの確認

①ネガティブ感情とは、一般的にどのような感情を指しますか。また、それらの特徴や機能にはどのようなものがありますか。

②競技中にネガティブ感情が喚起する人もいればしない人もいますが、なぜ人によって反応が違うのでしょうか。また、ネガティブ感情が喚起した際に、人はどのような反応を起こしますか。

③ネガティブ感情をコントロールするためには、どのような方法がありますか。

オリンピックの魔物

「初めてのオリンピック、スタート台から見える景色は、これまでに経験してきた世界選手権やワールドカップのそれとは明らかに違っていました。自分の名前が書かれている横断幕や、手旗を振っている応援団を見たときにいろんな感情があふれ出てきました。そして、頭が真っ白になり、気づいたらゴールしていました。自分の滑りが全くできなかったんです。すべてが終わって、オリンピックの魔物って本当にいるんだなって思いました」

この言葉は、筆者が心理サポートを提供していた 2018 年平昌オリンピック日本代表の A 選手がオリンピック終了後、最初に私に伝えてくれた内容です。A 選手は、世界選手権やワールドカップなど、数多くの国際大会に出場した経験のある、競技歴が 20 年以上のベテラン選手でした。そんな経験豊富な A 選手でさえも、初めてのオリンピックでは実力を十分に発揮することができませんでした。A 選手の話に限らず、「オリンピックには魔物がいる」という話をよく耳にします。選手個々に内容は異なるものの、実力が十分に発揮できなかったことや未知の体験をしたことの原因を「魔物」という言葉で比喩的に表現しているのです。

アスリートは、競技中にさまざまな感情に直面することがあり、それらの感情はパフォーマンスに影響を及ぼすことがあります。今回 A 選手は、自身の予想をはるかに上回る応援団をスタートエリアで目の当たりにしました。そして、その光景は、これまでに経験したことのないさまざまな感情を生じさせるには十分すぎる刺激でした。これらの刺激は、結果として実力発揮を阻害する要因となった可能性があります（これは筆者の想像です）。

ここで特筆すべきは、A 選手は事前にオリンピックに向けた準備を入念に行っていたことです。そこでは、感情のコントロールやリラクセーションのスキルトレーニングも実施していました。さらには、オリンピックを想定したイメージトレーニングも実施していました。しかしながら、私たちの想定を上回る魔物がそこには潜んでいました。この電話をもらった後に、筆者自身の未熟さを痛感しました。なぜならば、「オリンピックの魔物」については、過去に多くのアスリートがメディアで伝え、警笛を鳴らしていたにもかかわらず、想定した対応を全くできていなかったからです。

「巨人の肩の上に立つ」。この言葉は筆者が研究者を志したときに最初に教わった言葉です。先人の積み重ねた発見のうえに、新しい発見があることを意味しています。このコラムを読んでいるアスリートや監督・コーチの方々には、A 選手の経験や多くのアスリートが伝えてきた言葉をぜひ参考にしていただきたいと思います。アスリートの苦心談をはじめとする経験談には、自身では経験しえない貴重な情報が詰まっています。テレビや新聞、インターネットや書籍に記されているそれらを丁寧に読み解き、時には自身の経験と重ね合わせながら解釈することにより、実力発揮の可能性を 1％でも上げられるかもしれません。

第5章 競技意欲を高める

なぜこの章を学ぶのですか？

　競技スポーツにおいて競技意欲を高めることは、練習やトレーニングの取り組みの質を高めることや取り組みを継続することにつながるため、競技力の向上を目指すうえでとても大切です。しかし、いくら好きで行っている競技スポーツでも、高い競技意欲を保ち続けることは案外難しいのではないでしょうか。そこで本章では、競技意欲に影響を及ぼす要因を理解し、競技意欲を高め維持するための方法を学びます。

第5章ではどのようなことを学ぶのですか。

　本章の具体的な内容については、下の二次元コードから動画を視聴してください。そして、そのうえで下記の「考えてみよう」にも取り組んでみてください。

考えてみよう

① 競技意欲が高まる要因と低下する要因にはそれぞれどのようなものがあるか考えてみましょう。

② 競技意欲を高めたり、維持したりするために、どのような工夫があるか考えてみましょう。

1　競技意欲

競技意欲は、練習やトレーニングへの取り組みや、試合でのパフォーマンスの発揮に影響を及ぼす重要な要因の一つである。しかし、競技意欲を高めたり、維持したりすることは簡単なことではない。競技意欲には、競技に対する動機づけが深く関わっている。競技意欲を高め維持し、行動を継続させるためには、練習やトレーニングに対して内発的に動機づけを高める必要がある。

1　競技意欲とは

（1）競技意欲とは何か

　競技意欲とは、一言で言えば競技に対するやる気の度合いのことである。競技意欲が高ければ、練習やトレーニングに積極的に取り組み、質も高くなるだろう。その結果、競技力が向上しやすくなることや、試合に向けた良い準備ができ、試合で高いパフォーマンスが発揮できると思われる。しかし、競技意欲が低ければ、練習やトレーニングへの取り組みの質は下がり、競技力が向上しづらくなることや、試合でのパフォーマンスも低下する可能性がある。つまり、競技意欲は、練習やトレーニングへの取り組み方や質の高さ、そして試合でのパフォーマンスの高さに影響を及ぼす重要な要因の一つといえる。

　しかし、競技意欲は、数多くの要素*1 で構成されていることから、高い状態を維持することが難しく、ふとしたことがきっかけで簡単に低下してしまうものである。したがって、競技意欲に対する理解を深めることや、競技意欲を高め維持する方法を理解し実践できるようになることは、アスリート自身が競技力を向上することや試合で高いパフォーマンスを発揮するためにも、指導者がより良い指導をするためにも極めて重要である。

（2）競技意欲を測る

　競技意欲を高め維持するには、まずは競技意欲を客観的に捉えることが必要である。ここでは、競技意欲を客観的に捉えるための方法として、競技意欲を測定する心理尺度である SMI（繰返し可能な競技意欲検査）を紹介する。SMI は、「やる気」「冷静さ」「闘志」「コーチ受容」「反発心」「不安」の 6 つの因子によって競技意欲を数値化するものである（ 表 5-1 、 表 5-2 ）。SMI には 2 つのフォーム（FORM-A、FORM-B）があり、どちらのフォー

*1　競技意欲の高さを判定する心理尺度である TSMI（体協競技意欲診断検査）では、「目標への挑戦」「技術向上意欲」「困難の克服」「勝利志向性」「冷静な判断」「精神的強靭さ」「コーチ受容」「闘志」「知的興味」「練習意欲」「競技価値観」「計画性」「努力への原因帰属」「失敗不安」「緊張性不安」「対コーチ不適応」「不節制」の 18 の因子があり、試合での精神力の強さを判定する心理尺度である DIPCA.3（心理的競技能力診断検査）の競技意欲の因子には、「忍耐力」「闘争心」「自己実現意欲」「勝利意欲」の 4 つの下位尺度がある。

表 5-1 SMI の FORM-A

FORM-A

1．新しい技術が身につくまで努力する。

2．作戦通りに試合を進められる。

3．大きな試合になればなるほどファイトがわく。

4．納得できないプレイは、納得できるまで練習する。

5．コーチから何度も同じことを言われると、イヤ気がさす。

6．苦手な相手との対戦は避けたい。

7．コーチの言うことなら素直に従う。

8．試合に負けそうな時でも、動揺しない。

9．試合前に、負けることばかり考えてしまう。

10．大切な試合ほど、うまくいくかどうか心配する。

11．一つのことをやり始めたら、最後までやらないと気がすまない。

12．一流選手になるためには、どんな障害でも乗り切れる。

13．試合中、ミスするのではないかと思う。

14．競り合っている時ほど燃えてくる。

15．試合運びがうまくいくのは、コーチの指示がよいからである。

16．コーチとは肌が合わない。

17．ミスをしても冷静に試合を続けられる。

18．コーチに反感を抱いている。

19．試合中、精神的な強さを発揮できる。

20．コーチの期待にこたえたい。

21．自分より強い相手と試合をするのが好きである。

22．コーチから言われたことは、その通り実行する。

23．相手が強いほど闘争心がわく。

24．練習以外ではコーチとつきあいたくない。

回答した数字を下の計算式に当てはめて、各因子の得点を算出しよう！

因子	計算式（数字は項目番号）	得点
やる気	1（　　）＋4（　　）＋11（　　）＋12（　　）	／16
冷静さ	2（　　）＋8（　　）＋17（　　）＋19（　　）	／16
闘志	3（　　）＋14（　　）＋21（　　）＋23（　　）	／16
コーチ受容	7（　　）＋15（　　）＋20（　　）＋22（　　）	／16
反発心	5（　　）＋16（　　）＋18（　　）＋24（　　）	／16
不安	6（　　）＋9（　　）＋10（　　）＋13（　　）	／16

※得点が高いほど、その因子内容が高いことを示します

出典　徳永幹雄『体育・スポーツの心理尺度』不昧堂出版　2004 年　pp.89-90 をもとに作成

表 5-2　SMI の FORM-B

FORM-B

1．練習より試合の方が闘志がわく。

2．競り合った試合でも冷静である。

3．試合前に、うまくいくかどうか心配する。

4．成績がよいのは、ふだんからコーチの話を聞くからである。

5．一つのことがうまくいかない時、それができるまで努力し続ける。

6．負けたことのある相手との対戦は避けたい。

7．コーチの作戦や計画に不満を感じる。

8．コーチの言うことは正しいと思う。

9．弱い相手より強い相手と試合をする時の方が頑張れる。

10．リードされてもあわてない。

11．練習計画をたてる時、コーチの指示を受けたい。

12．コーチに注意されると腹がたつ。

13．試合前に、不安になる。

14．コーチに叱られても素直に聞ける。

15．試合では負けることの方が気になる。

16．他のコーチに代わってほしい。

17．ある技術をマスターするためには、人一倍努力する。

18．困難な状況におかれても、それを乗り越えようとする。

19．試合中、動揺することはない。

20．目標をたてたら、途中であきらめることはない。

21．どんな状況におかれても、自分をコントロールできる。

22．ここ一番という時ほどファイトがわく。

23．不利な状況におかれた時ほど燃えてくる。

24．コーチに理解されていないと思う。

回答した数字を下の計算式に当てはめて、各因子の得点を算出しよう！

因子	計算式（数字は項目番号）	得点
やる気	5（　）＋17（　）＋18（　）＋20（　）	／16
冷静さ	2（　）＋10（　）＋19（　）＋21（　）	／16
闘志	1（　）＋9（　）＋22（　）＋23（　）	／16
コーチ受容	4（　）＋8（　）＋11（　）＋14（　）	／16
反発心	7（　）＋12（　）＋16（　）＋24（　）	／16
不安	3（　）＋6（　）＋13（　）＋15（　）	／16

※得点が高いほど、その因子内容が高いことを示します

出典　表 5-1 に同じ

ムで測定しても同じ内容の競技意欲を数値化できることから、短期間に繰り返し測定することも可能である。測定方法は、どちらのフォームも24個の質問項目に対して自身がどのくらい当てはまるかを、1（まったくあてはまらない）〜4（よくあてはまる）の回答肢から選んで回答し、その回答から因子ごとに得点を算出するというものである。

　このような心理尺度を活用し、競技意欲を数値化することは、アスリート自身の自己理解の促進や指導者がアスリートの状況を把握するうえでとても有効となる。その一方で、心理尺度のみでアスリートを評価することは、アスリートの特徴に対する決めつけやラベリングにつながる恐れもあるため注意が必要である。心理尺度は質問項目への自己評価による回答の結果であるため、アスリートの心理的側面のよしあしや、他のアスリートとの比較による優劣を判断するものではない。あくまで現状の把握や個人内での変化を捉えるものとして活用するものであり、さらには、面談での語りや練習や試合での行動観察の所見も含めて総合的にアスリートを捉えることが望ましい。

2 競技意欲と動機づけ

(1) 動機づけとは

　競技スポーツでは、練習やトレーニングの際に「モチベーションを上げよう！」という言葉をよく耳にする。モチベーションは動機づけ[*2]と日本語訳され、「動機（行動の目標や理由や原因）→意欲（行動に対するやる気）→行動（目標を達成するための手段）→目標」の一連の枠組みを指す。望ましい動機づけは競技意欲を高め、練習やトレーニングを継続させることやその質を高めることにつながり、競技力の向上や試合での高いパフォーマンスの発揮といった目標の達成につながると考えられている。一方で、動機づけが望ましくないと、競技意欲は低下し、練習やトレーニングへの取り組みが続かない、あるいは質の低い状態で取り組むことになり、競技力が向上しなかったり試合でのパフォーマンスを低下させたりする可能性もある。つまり、競技意欲を高め望ましい状態で競技に取り組むためには、動機づけへの理解を深めることや、動機づけを望ましい状態にする方法を理解し、実践することが必要なのである（図5-1）。

*2　動機づけ
動機づけは「行動を一定の方向に向けて発動させ推進し持続させる過程」[1] と定義されている。

図 5-1　動機づけの枠組み

動機 ⊢ 練習やトレーニングをする目標や理由

⬇

競技意欲 ⊢ 練習やトレーニングに対するやる気

⬇

行動 ⊢ 目標を達成するための練習やトレーニング

⬇

目標 ⊢ 行動によって達成したい目標

（2）動機づけの働き

　動機づけは、行動を起こし継続するための過程のことであり、3 つの機能を持つ（**図 5-2**）。1 つ目は行動を始める働きである**行動始発機能**、2 つ目は行動を続けるための**行動維持機能**[*3]、3 つ目は目的や目標を達成した後、新たな行動を起こしたくなる**行動強化機能**である。

　野球のバッティングを例に考えてみよう。「ホームランを打ちたい！」（パフォーマンスの目標）と思い、そのために「筋力を向上したい！」（能力の目標）と考え、ウエイトトレーニングに取り組む（行動始発機能）とする。そして、ウエイトトレーニングによって挙げられるようになったバーベル等の重量や身体組成の測定によってトレーニング効果を確認し、そのプログラムを見直しながらウエイトトレーニングを継続する（行動維持機能）。その結果、ウエイトトレーニングを継続することで筋力が向上し、ホームランが打てるようになると、その達成感によって次のステップの目標に向けた行動

＊3　行動維持機能
行動維持機能は、行動維持機能と行動調整機能に分けられることもある。

図 5-2　動機づけの 3 つの機能

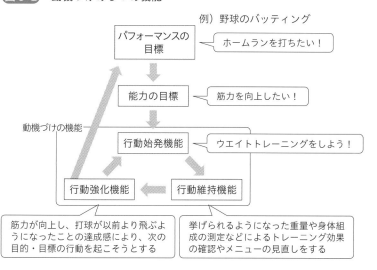

を起こしたくなり（行動強化機能）、次のステップの目標に向けた行動を起こす（行動始発機能）というサイクルが効果的に動機づけされた状態である。

（3）動機づけの質

　動機づけは、内発的動機づけと外発的動機づけの2つに分けられる（図5-3）[2]。内発的動機づけは、練習やトレーニングを行うことそのものが楽しいというような、「行動＝目的」の状態のことである。一方、外発的動機づけは、報酬や指示・命令、罰の回避などの外的な要因による動機づけであり、「行動＝手段」の状態である。例えば、ご褒美をもらうために練習する（報酬）や指導者から「やれ」と言われたから練習する（指示・命令）、あるいは、練習しないと指導者に怒られるからやる（罰の回避）という場合は、外発的動機づけによる行動ということになる。

図 5-3　内発的動機づけと外発的動機づけの違い

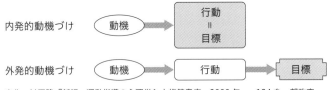

出典　杉原隆『新版　運動指導の心理学』大修館書店　2008年　p.134 を一部改変

（4）動機づけの考え方

　内発的動機づけと外発的動機づけは、対立的な概念ではなく、連続的な概念と考えられている。この考え方は、デシ（Deci, E. L.）とライアン（Ryan, R. M.）によって提唱された自己決定理論で説明ができる。図 5-4 [3] は、自己決定理論の概念図である。「行動」は行動をすることに対する自己決定（自分の意志で決めている）の度合いを、「動機づけ」は動機づけの質を、「調整スタイル」は動機づけの下位概念として、その行動の動機づけの内容を示している。以下に動機づけや調整スタイルについて、行動を練習と置き換えて、競技意欲と結びつけて説明していく。

　非動機づけは最も自己決定度が低く、練習に対して目的意識がない状態である。競技意欲を高めるための調整は特になく、「自分が何でこの練習をやっているのかわからない」状態である。

　外発的動機づけは、外的な要因による動機づけであり、自己決定度が低い順から、外的調整、取り入れ的調整、同一視的調整、統合的調整の4段階の調整スタイルがある。外的調整は、その練習を「指導者にやれと言われたからやっている」といったように、他者から言われて強制的にやらされてい

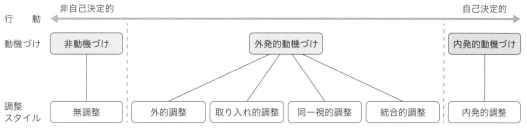

図 5-4　自己決定理論の概要

出典　荒木雅信編『これから学ぶスポーツ心理学　改訂版』大修館書店　2018 年　p.39

る状態である。取り入れ的調整は、その練習を「やらなきゃいけないことだから仕方なくやっている」といったように、消極的な考えで取り組んでいる状態である。同一視的調整は、その練習を「自分にとって重要なものなのでやっている」といったように、練習をすることの重要性を理解し、取り組みに対して積極性もあるが、義務感も残っている状態である。そして、統合的調整は、練習を「（うまくなって活躍して）有名になりたいからやっている」のように、目標（ここでは「有名になりたい」）を達成するための手段として行っている状態である。

　内発的動機づけは、内的な要因による動機づけであり、3 つの動機づけの中で競技に対する自己決定度が最も高く、「練習そのものが楽しい」とか「もっとやりたい」といった欲求に基づいた内発的調整によって動機づけられるため、動機づけも極めて望ましい状態である。

　つまり、競技意欲を高め維持するには、自己決定度の高い動機づけ（内発的動機づけや外発的動機づけの統合的調整）の状態であることが望ましいということである。

（5）動機づけの測り方

　動機づけの状態は、行動の量（同じ時間内や期間内にどのくらいの量を行ったか）、行動の持続性（どのくらい長い時間や期間行ったか）、選択（自由に使える時間で何をしたか）という行動指標によって捉えることができる。しかし、これらの行動指標では、例えば同じ時間の中で、雑にたくさん行った人の方が、丁寧に行った結果、行動量が少なくなってしまった人よりも、動機づけが望ましい状態と評価してしまう可能性もある。動機づけを望ましい状態で維持するには、動機づけの質を客観的に捉えることが必要である。

　ここでは、動機づけの状態を数値化することができる心理尺度である、「運動に関する自己決定動機づけ尺度」（**表 5-3**）[4] を紹介する。この心理尺度は、自己決定理論に基づいて作成されたものであり、「内発的動機づけ」「同一視

表 5-3　運動に関する自己決定動機づけ尺度

あなたが現在、定期的に運動を行っている、もしくは今後、定期的に運動を行う理由についてお聞きします。
以下の各項目について、あなたの最もあてはまるものを１つ選んで、○印をつけて下さい。

	まったく あてはまら ない 又は 該当しない	あまり あてはまら ない	どちらとも いえない	すこし あてはまる	かなり あてはまる
①運動すること自体が楽しいから	1	2	3	4	5
②私が運動することで周りの人（家族、友人、医師等）が満足するから	1	2	3	4	5
③運動は良いと思うので行うべきだと思うから	1	2	3	4	5
④運動しないと罪悪感を感じるから	1	2	3	4	5
⑤なぜ運動しているかわからない	1	2	3	4	5
⑥運動中はそれだけに没頭できるから	1	2	3	4	5
⑦周りの人（家族、友人、医師等）が運動を取り入れるべきだと言うから	1	2	3	4	5
⑧運動することが自分自身を高めるためによい方法だと思うから	1	2	3	4	5
⑨運動しないと堕落していくような気がするから	1	2	3	4	5
⑩運動する理由はわからない	1	2	3	4	5
⑪運動は自分を満足させる活動だから	1	2	3	4	5
⑫私が運動しないと周りの人（家族、友人、医師等）がよく思わないから	1	2	3	4	5
⑬運動することが私にとって重要だと思うから	1	2	3	4	5
⑭運動を続けられなかったら駄目な人間だと思うから	1	2	3	4	5
⑮運動する理由は何もない	1	2	3	4	5
⑯運動を修得する喜びがあるから	1	2	3	4	5
⑰運動しないと自分を悪く感じるから	1	2	3	4	5
⑱運動することで自分が良くなっていくと感じることができるから	1	2	3	4	5

回答した数字を下の計算式に当てはめて、各下位尺度の得点を算出しよう！

下位尺度	計算式（数字は項目番号）	得点
内発的動機づけ	1 (　) + 6 (　) + 11 (　) + 16 (　)	／20
同一視的調整	3 (　) + 8 (　) + 13 (　) + 18 (　)	／20
取り入れ的調整	4 (　) + 9 (　) + 14 (　) + 17 (　)	／20
外的調整	2 (　) + 7 (　) + 11 (　)	／15
非動機づけ	5 (　) + 10 (　) + 15 (　)	／15

※得点が高いほど、その下位尺度内容が高いことを示します
※下位尺度によって項目数が違うため、下位尺度の得点を項目数で割るとわかりやすいです
　（「内発的動機づけ」「同一視的調整」「取り入れ的調整」は得点÷4、
　「外的調整」「非動機づけ」は得点÷3にすると因子同士の比較がしやすいです）

出典　図 5-4 に同じ　p.40 を一部改変

＊4　自己決定理論の調整スタイルと照らし合わせると、「運動に関する自己決定動機づけ尺度」には外発的動機づけの「統合的調整」が構成要因に含まれていないが、この尺度は、運動に対する動機づけの状態を評価するうえで適した心理尺度と思われる。

的調整」「取り入れ的調整」「外的調整」「非動機づけ」の５つの動機づけの調整スタイル＊4 の得点のバランスによって、動機づけの状態を評価するものである。

　このような心理尺度を活用して、動機づけの状態を数値化して捉えることは、アスリート自身の自己理解の促進や指導者がアスリートの状況を把握するうえでとても有効となる。その一方で、SMI を紹介した際にも述べたよ

うに、心理尺度を利用する際は、その危険性や留意点について理解しておく必要がある。

2 競技意欲を左右する動機づけ理論

内発的動機づけには、有能さへの欲求や自律性への欲求、関係性への欲求を満たすことが必要だといわれている。また、動機づけを高めるには、「自分にはできる」という自己効力感を高めること、「成功や失敗は自分の努力次第だ」という努力に原因帰属を持つこと、「やることを自分で決める、自分で選ぶ」という自己決定や自己調整学習、自己選択をすること、「能力向上のための行動」を目標の内容とする課題目標を立てることが重要である。

自己決定理論では、動機づけの状態に影響を及ぼす要因として、有能さへの欲求[*5]、自律性への欲求[*6]、関係性への欲求[*7]という3つの欲求が挙げられている。有能さへの欲求は、「自分はできる」という自信を持ちたい気持ちである。自律性への欲求は、「自分でやることを決めたい」という気持ちである。関係性への欲求は、「チームメイトや指導者と良い関係を築きたい」という気持ちである。これら3つの欲求に基づきながら、競技意欲に影響を及ぼす動機づけに関する理論を紹介していく。

1 「できそう」か「できなさそう」か（自己効力感）

「自分はできる」という自信を持つことは、競技意欲を高めて維持するうえでとても重要である。自己効力感とは、そのような自信の度合いを指す概念であり、自己効力感が高いと自信がある状態を示し、低いと自信がない状態を示す。自己効力感を高めるには、目標を達成して成功体験を蓄積することや、自分と同じ程度の能力のチームメイトの成功体験を見たり聞いたりすること、また指導者やチームメイトから正確な評価を受けたり激励や称賛を受けたりすること、そして、できないという思い込みから解放されることが有効であるといわれている（表 5-4）[8]。

*5　有能さへの欲求
有能さへの欲求は「周囲の環境と効果的にかかわりたい、有能であると感じたいという欲求」[5]と定義されている。

*6　自律性への欲求
自律性への欲求は「自らが自らの行動の原因でありたいという欲求」[6]と定義されている。

*7　関係性への欲求
関係性への欲求は「個人間における個人的、感情的な結びつきや愛着への欲求」[7]と定義されている。

表 5-4　自己効力感を高める情報と方略

自己効力感の 4 つの情報源	自己効力感を 高める情報	自己効力感を 下げる情報	自己効力感を 強化するための方略
遂行行動の達成	自分で行動し、達成で きたという成功体験の 蓄積	失敗体験の蓄積 学習性無力感	目標設定
代理的経験	自分と似た状況、同じ 目標を持っている人の 成功体験、問題解決法 の学習	条件が整っている人の 成功体験	モデリング
言語的説得	指導者、自分と同じよ うな属性を持っている 人による正確な評価、 激励、賞賛 自己評価	一方的叱責 無視・無関心	グループ学習 自己強化
生理的・情動的喚起	できないという精神的 な思い込みからの解放	課題遂行時の生理的な 反応の自覚（疲労、不 安、痛み）	セルフモニタリング 認知再体制化

出典　坂野雄二・前田基成編『セルフ・エフィカシーの臨床心理学』北大路書房　2002 年　p.231 を一部改変

2　成功や失敗の原因をどのように考えるか（原因帰属理論）

　練習や試合で自分のプレーが成功したり失敗したりしたときに「何でそうなったのか？」という原因を考えるだろう。このように成功や失敗の原因を何に求めるかということを原因帰属という。原因帰属は、「内的－外的」と「安定－不安定」の 2 次元に分類される（**表 5-5**）[9]。

　この分類の中で、競技意欲を高めることにつながるのは、自分でコントロールできる要因（内的）で、自分の取り組み度合いによって変化（不安定）する「努力」である。「努力」に原因を求めることで、「成功や失敗は自分の努力次第」という捉え方になり、成功しても失敗しても引き続き努力をすることに価値を見いだし、競技意欲の向上や維持につながる。一方、「能力」に原因を求めてしまうと、成功した場合は「能力があるから成功したんだ」と競技意欲が高まる可能性もあるが、「失敗したら能力がないと思われてしまう」という思いを持ち、失敗しそうなことにチャレンジしなくなり、競技意欲が低下する可能性もある。さらに、失敗した場合は「能力がないから失敗したんだ」とあきらめてしまったり、学習性無力感*8 に陥ってしまったり、バーンアウト*9 を引き起こしてしまったりする可能性もある。また、そもそも行動する前からセルフ・ハンディキャッピング*10 をしてしまい、競技意欲や競技パフォーマンスの低下をもたらす可能性がある。

*8　学習性無力感
学習性無力感は「自分の力ではどうしようもできないような無力感を学習すると、行動しようとしなくなること」[10]といわれており、「練習してもうまくならない、いつも失敗するなど自分の能力のなさが原因であると学習してしまうと、学習性無力感の状態になりやる気がなくなる」[11]と考えられている。

*9　バーンアウト
バーンアウトは「競技者がスポーツ活動や競技に対する意欲を失い、文字通り燃え尽きたように消耗・疲弊し、無気力となった状態」[12]といわれている。

*10　セルフ・ハンディキャッピング
セルフ・ハンディキャッピングは「自分の何らかの特性が評価の対象となる可能性があり、かつそこで高い評価を受けられるかどうか確信が持てない場合、遂行を妨害するハンディキャップがあることを他者に主張したり、自らハンディキャップを作り出す行為」[13]であり、事前に体調不良などを訴えて失敗の原因を体調面に帰属したり、あえて難しい課題を選択し失敗の原因を課題の困難度に帰属したり、わざと努力をせずに失敗の原因を努力不足に帰属したりすることで、周囲に能力がないと思われないようにする方略のことである。

表 5-5　原因帰属の 2 次元分類

安定性	原因の位置	
	内　的	外　的
安　定	能　力	課題の困難度
不安定	努　力	運

出典　中込四郎・伊藤豊彦・山本裕二編『よくわかるスポーツ心理学』ミネルヴァ
書房　2012 年　p.77

3 誰が決めるか（自己決定理論、自己調整学習、自己選択効果）

　行動を「誰が決めるか」ということは、動機づけに大きく影響し競技意欲を左右する。これは、先に紹介した自己決定理論によって説明されている。練習やトレーニングに対する自己決定度が高い方が動機づけは内発的になり、競技意欲が高まることにつながり、自己決定度が低くなると動機づけは外発的になり、競技意欲も低下してしまうというものである。また、練習やトレーニングの内容や方法を自分で判断したり決めたり（調整）しながら取り組むことで、高い学習効果が期待できるという自己調整学習理論*11 もある。

　しかし多くの場合、特にチームスポーツでは、練習やトレーニングのプログラムを決めるのは、主に指導者ではないだろうか。このような場合でも、アスリートは、与えられたプログラムの中で自分なりに取り組む理由を考えることや、取り組む順番を自分で決めるなどの工夫をすることによって動機づけや競技意欲の低下を防ぐことができる。また、プログラムの中に選択できる部分があれば、自分で選ぶということだけでも動機づけや競技意欲の低下を防ぐことができると考えられている。このような「自分で選ぶ」と動機づけが高まるということを自己選択効果*12 という。

4 どのような目標を立てるか（達成目標理論）

　アスリートが「どのような目標を立てるか」ということは、動機づけや競技意欲に影響を及ぼす。達成目標理論*13 によると、目標は「ライバルに勝つ」や「大会で優勝する」といったような他者との比較によって立てられる自我目標*14 と、「このプレーをできるようになる」や「上達のためにこのような練習に取り組む」といったような、自身の能力向上やそのための行動内容の

＊11　自己調整学習理論
自己調整学習理論は「学習者自身の認知的側面に対して前もって持っている認識や知識（メタ認知）、行動的側面や動機づけの側面において活発に取り組まれる学習を意味している」14) というものであり、「学習方略の自己調整と学習効果の関係について説明」15) されている。詳しくは、第 7 章 p.119 を参照されたい。

＊12　自己選択効果
自己選択効果は「学習者が実験者から提示された情報を十分に吟味しなくても、提示された情報から学習者自身が選択するだけでも記憶が促進される」16) というものであり、この学習効果は動機づけ説（自己選択による動機づけの向上）とメタ記憶説（自己選択によって記憶が残りやすい）によって説明されている。

＊13　達成目標理論
達成目標理論は「人間の達成行動に対する有能さを中核として概念化されたものであり、動機づけの強さは個人が達成場面で設定する目標の種類や意味づけによって規定される」17) といわれている。

＊14　自我目標
自我目標は、成績目標や結果目標と表現されることもある。

＊15　課題目標
課題目標は、熟達目標や行動目標と表現されることもある。

達成を目標とする課題目標*15 に分けられる。

　自我目標を立てると、自分の競技力の高低によって行動が左右されるのに対して、課題目標を立てると自身の競技力の高低に関わらず挑戦し、行動の高い持続性につながるといわれている（表 5-6）[18]。また、課題目標を立てたときは自我目標を立てたときよりも、内発的動機づけが高まり、競技に対する動機づけや自身の有能さの認知が高まるといわれている（図 5-5）[19]。

　アスリートが立てる目標には、アスリート自身が目標に対して自我志向（競技成績や他者との比較を重視する）なのか課題志向（自身の能力や取り組みを重視する）なのかという目標志向性や、指導者やチームメイトが他者との競争や能力を比較する成績雰囲気なのか個人の能力の向上や取り組みそのものを大切にする熟達雰囲気なのかという動機づけ雰囲気が影響する。そのため、課題目標を立てやすくするためには、アスリート自身の志向性だけでなく、アスリートを取り巻く環境も重要である。

表 5-6　目標の違いと行動パターンの関係

能力観		達成目標	現在の能力についての自信		行動パターン
固定的理論（能力は固定的）	→	自我目標（目標は有能さについて肯定的な評価を受け、否定的な評価を避けること）	高い場合	→	熟達志向型挑戦を求める高い持続性
			低い場合	→	無力感型挑戦を避ける低い持続性
拡大理論（能力は可変的）	→	課題目標（目標は有能さの拡大）	高い場合もしくは低い場合	→	熟達志向型挑戦を求める高い持続性

出典　荒木雅信編『これから学ぶスポーツ心理学　改訂版』大修館書店　2018 年　p.46

図 5-5　目標の違いと動機づけや有能さの認知との関係

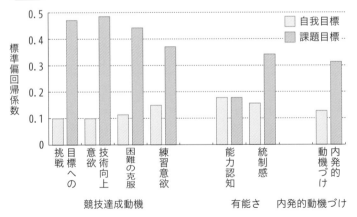

出典　杉原隆『新版　運動指導の心理学』大修館書店　2008 年　p.175 を一部改変

3　競技意欲を高める目標設定

競技意欲を高める効果的な目標設定として、「長期・中期・短期目標を設定する」「現実的で挑戦的な目標を設定する」「自我目標だけでなく課題目標も設定する」「抽象的ではなく具体的な目標を設定する」「チーム目標だけでなく個人目標も設定する」という原則に基づくことが重要である。また、これをふまえ、「測定・評価」→「目標設定」→「実行」→「測定・評価」……という流れで目標設定に取り組むことが求められる。

1　競技スポーツにおける目標設定の重要性

競技スポーツを行ううえで、目標を立てることは欠かせないだろう。目標を立てることで動機づけが高まり、競技意欲が向上することは一般的にもよく知られている。また、目標を立てることで目標達成のための方法を考えたり、自主的・主体的な工夫ができるようになり、行動の継続、競技力の向上にも貢献できるだろう。さらに、目標の達成を繰り返していくことで、自己効力感も高まるため、目標を立てることがとても重要といえる。一方で、目標の立て方によっては、競技意欲の維持が難しく、行動が継続しないこともある。

2　効果的な目標設定の原則

（1）長期・中期・短期目標を設定する

目標設定では、「いつまでに何を達成するのか」という達成内容と達成期限が必要となる。この達成期限には、長期・中期・短期という複数の期限を設け、長期目標を達成するための中期目標、中期目標を達成するための短期目標という関係になっていることが望ましい。

一般的には、長期目標は年間目標、中期目標は半年間や3か月間、月間などの目標、短期目標は週間目標や数日レベルでの目標などが挙げられる。長期・中期・短期の期間の長さは、競技特性やアスリートの状況によって決定するとよいだろう。

（2）現実的で挑戦的な目標を設定する

アスリートは、常に高い目標に向かって日々努力をしている場合が多い。目標は、低すぎると簡単すぎてやる気がなくなってしまったり、逆に高すぎ

ると難しすぎてあきらめてしまったりする可能性がある。もちろん、長期目標においては達成確率がそれほど高くなくても、最大限努力すれば達成できるような高い目標設定も重要である。一方で、特に短期目標においては、「しっかりと努力をすれば何とかできそうだ」と思えるような挑戦的でかつ現実的な目標設定が望ましい。

（3）自我目標だけでなく課題目標も設定する

　目標を立てるときには、「ライバルに勝つ」や「大会で優勝する」といった自我目標を立てることと同時に、その自我目標の達成のために「どのような能力を身につけるのか」や「どのような練習やトレーニングをするのか」といった課題目標を立てることが重要である。このような課題目標を立てることにより、行うことが明確になり、行動を起こしやすくなる。

（4）抽象的ではなく具体的な目標を設定する

　課題目標を立てるときには、「練習を頑張る」や「トレーニングをサボらずにやる」といった抽象的な目標よりも、「何を、1回にどのくらいの量（回数、重量、距離、時間など）で、どのくらいの頻度（1週間、あるいは1か月に何日）でやるのか」といった具体的な目標設定が効果的である。特に、量や頻度はしっかり数値で決定することが望ましい。

（5）チーム目標だけでなく個人目標も設定する

　チーム目標は、チームの方向性を明確にし、チームにまとまりが生まれるため、とても重要なことである。しかし、チーム目標のみの設定では、個人の努力につながらない場合もある。目標設定では個人の目標を重視することが望ましく、チーム目標に対しても、「チーム目標を達成するために個々に達成するべきことは何か」といった個人レベルの目標に落とし込むことが重要である。

3 効果的な目標設定のプロセス

目標設定を効果的に行うには、「測定・評価」→「目標設定」→「実行」→「測定・評価」……を繰り返すことが重要である（図5-6）。

図 5-6　効果的な目標設定のプロセス

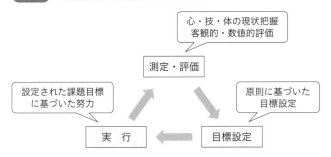

（1）現状を把握するための「測定・評価」を行う

「測定・評価」では、心理面・技能面・体力面の現状を正しく理解することが重要である。この「測定・評価」は、「目標設定」だけでなく、「実行」した後の目標達成度の評価にもなるため、できるだけ客観的（数値で評価できるよう）な評価方法を用いることが望ましい。

（2）「測定・評価」を参考に「目標設定」を行う

「目標設定」では、目標設定の原則に基づいて自我目標と課題目標を設定する。その際に、アスリートの自己決定や自己選択によって立てることが重要である。アスリートの立てた目標に指導者が言及したいときは、「なぜこの目標にしたのか」といった問いや「このような目標にしてみたら」といった提案によって、あくまでもアスリートに決定させることを重視するとよい。

（3）「目標設定」の課題目標に従い「実行」する

「実行」では、立てた課題目標に従ってしっかり努力をすることが重要である。その際は、立てた目標を忘れないように目に見えるところに紙面にして貼っておくことや、指導者やチームメイトに自分が立てた目標を宣言することが、行動の継続や競技意欲の持続に効果的である。

4 目標設定後の確認

　実際に目標を設定したら、効果的な目標設定になっているのかどうかについて確認することが求められる。もちろん、目標設定した時点で、とてもやる気が出てきていて、「早く練習をしたい」というワクワクした気持ちになっているかどうかという内的な変化の確認もとても重要である。一方で、自分が立てた目標を客観的に見返して、目標設定の原則に従っているのかといった確認も必要である（表 5-7）。

表 5-7　目標設定のチェックリスト

原則	チェック項目
目標の期限	☐ 長期・中期・短期目標が立ててある ☐ それぞれの目標の期限が明確である ☐ それぞれの目標が関係し合っている
目標の難易度	☐ 簡単すぎず、難しすぎない目標になっている
目標の種類	☐ 自我目標が立ててある ☐ 課題目標が立ててある ☐ 自我目標を達成するための課題目標になっている
目標の具体性	☐ 立てた目標が数値化されている ☐ 他者が見ても理解できるくらい具体的に立ててある
チーム目標	☐ チーム目標を達成するための個人目標が立ててある

引用文献

1 ）荒木雅信編『これから学ぶスポーツ心理学　改訂版』大修館書店　2018 年　p.37
2 ）杉原隆『新版　運動指導の心理学―運動学習とモチベーションからの接近―』大修館書店　2008 年　p.134
3 ）前掲書 1 ）　p.39
4 ）前掲書 1 ）　p.40
5 ）前掲書 1 ）　p.41
6 ）前掲書 1 ）　p.41
7 ）前掲書 1 ）　p.41
8 ）坂野雄二・前田基成編『セルフ・エフィカシーの臨床心理学』北大路書房　2002 年　p.231
9 ）中込四郎・伊藤豊彦・山本裕二編『よくわかるスポーツ心理学』ミネルヴァ書房　2012 年　p.77
10）楠本恭久編『はじめて学ぶスポーツ心理学 12 講』福村出版　2015 年　p.89
11）前掲書 10）　p.89
12）日本スポーツ心理学会編『スポーツ心理学事典』大修館書店　2008 年　p. 615
13）中村陽吉編『「自己過程」の社会心理学』東京大学出版会　1990 年　p.148
14）前掲書 1 ）　p.17
15）前掲書 1 ）　p.17
16）前掲書 1 ）　p.17
17）前掲書 1 ）　p.46
18）前掲書 1 ）　p.46
19）前掲書 2 ）　p.175

参考文献

・松田岩男・猪俣公宏・落合優・加賀秀夫・下山剛・杉原隆・藤田厚「スポーツ選手の心理的適性に関する研究―
　第 3 報―」『昭和 56 年度　日本体育協会スポーツ科学研究報告』第 3 巻　日本体育協会スポーツ科学委員会
　1981 年
・徳永幹雄・橋本公雄『心理的競技能力診断検査　DIPCA. 3　中学生 - 成人用』トーヨーフィジカル　2000 年
・吉澤洋二・山本裕二・鶴原清志・鈴木壮・岡澤祥訓・米川直樹・松田岩男「繰返し可能な競技意欲検査作成の試み」
　『名古屋経済大学人文科学論集』第 47 巻　名古屋経済大学　1991 年　pp.229-250
・吉澤祥二・山本裕二・鶴原清志・鈴木壮・岡澤祥訓・米川直樹・松田岩男「SMI の信頼性と妥当性に関する研究」
　『名古屋経済大学人文科学論集』第 49 巻　名古屋経済大学　1991 年
・徳永幹雄『体育・スポーツの心理尺度』不昧堂出版　2004 年
・荒木雅信編『これから学ぶスポーツ心理学　改訂版』大修館書店　2018 年
・高見和至『スポーツ・運動・パフォーマンスの心理学』化学同人　2016 年
・中込四郎・伊藤豊彦・山本裕二編『よくわかるスポーツ心理学』ミネルヴァ書房　2012 年
・速水敏彦『自己形成の心理―自律的動機づけ―』金子書房　1998 年
・日本スポーツ心理学会編『スポーツ心理学事典』大修館書店　2008 年
・Deci, E. L., and Ryan, R. M. (2002)*Handbook of self-determination research*. The University of
　Rochester Press.
・松本裕史・竹中晃二・高家望「自己決定理論に基づく運動継続のための動機づけ尺度の開発―信頼性および妥当
　性の検討―」『健康支援』第 5 巻第 2 号　日本健康支援学会　2003 年　pp.120-129
・日本スポーツ心理学会編『スポーツメンタルトレーニング教本　三訂版』大修館書店　2016 年

①競技意欲はどのような要素で構成されていますか。心理尺度の因子や下位尺度の内容から考えて説明してみましょう。

....
....
....

②動機づけとはどのようなものですか。動機づけに影響を及ぼす要因も含めて説明してみましょう。

....
....
....

③効果的に目標設定するための原則や方法、プロセスについて説明してみましょう。

....
....
....

指導者からの信用が
アスリートの競技意欲を支える

アスリートに「指導者から信用されている」と感じさせることは、アスリートの競技意欲を高めることや維持することにつながるものと思います。

筆者は、大学生アスリートのメンタルトレーニングを請け負うことがあります。メンタルトレーニングの中では、目標設定を特に重要視しています。なぜかというと、メンタルトレーニングを通して、アスリートに「2つのジリツ（自律、自立）心」を持ってほしいと考えているからです。筆者がメンタルトレーニングを通して関わるアスリートには、関わる期間が終わるころには自らの力で目標を立て、その目標を達成するための練習やトレーニングなどの行動を考え、実行して成果を評価し、また次の目標に向かっていくという資質・能力を備えてほしいと思っています。

大学生アスリートの目標設定のサポートをしていると、しばしば「練習内容は指導者が考えてプログラムが与えられるので、成績目標は立てられるけど熟達目標は立てづらい」「チームでの全体練習が長くて、自分の課題のための練習をする時間がなかなかとれない」「自分で考えた練習をしていると指導者に怒られてしまう」といった話を聞くことがあります。そして、そのような選手は「指導者が自分のことを信用して任せてくれない」と感じていることが多く、目標を設定しているときの表情も暗いように感じます。一方で、「指導者が自分で考えながらやっていることを認めてくれて、ある程度は任せてもらえる」と、イキイキとした表情で目標設定をどんどん進めていく選手もいます。

このような2つのケースを比較すると、前者は目標設定以外のメンタルトレーニングの内容でも、アスリート側からの質問や確認はほとんどなく、「分かりました」「大丈夫です」と言うだけで、とても受動的にメンタルトレーニングを行っている人（こと）が多いです。一方、後者は、自分で理解できるまで確認したり、自分の競技のことと照らし合わせて質問をしたり、自分で考えたり調べたりもします。おそらくは、練習やトレーニングにおいても同じような取り組み方になっているのではないかと思います。このような経験から、やはりアスリートには環境が重要であり、特に指導者はアスリートの競技への取り組み方に大きな影響を与えていることを実感しています。

もちろん、指導者としてアスリートの競技への取り組み方が悪ければ教育的に厳しく叱ることも必要です。しかし、アスリートが一生懸命にトレーニングに取り組んでおり、その内容が少し足りない程度の場合であれば、「任せるから考えてやってごらん」と言ってあげることも必要かもしれません。アスリートにとって指導者から信用されているということは、とても勇気づけられ、もっと頑張ろうという気持ちをかきたてるものと思います。

集中力を高める

なぜこの章を学ぶのですか？

スポーツにおいて集中力は、実力発揮を左右する重要な心理的スキルとして考えられています。したがって、集中力の実態と特徴を理解し、アスリート自身の状況を考慮したうえで、集中力を高めるアプローチを講じる必要があります。そのために本章では、集中力の向上に貢献できる理論や効果的な技法について学んでいきます。

第6章の学びのポイントは何ですか？

本章の具体的な学びのポイントについては、下の二次元コードから動画を視聴してください。そして、そのうえで下記の「考えてみよう」にも取り組んでみてください。

＼ 考えてみよう ／

① あなた自身がスポーツに取り組む中で、いつどのような場面において集中力が必要なのか、書き出してみましょう。

② 集中力が続いたとき、続かなかったときの原因は何だと思いますか。また、あなたにとって集中力を持続させていくためには何が必要だと思いますか。書き出してみましょう。

1　集中力とは何か

　スポーツの現場で重視されている「集中力」は、スポーツ心理学では「注意集中」と呼ばれている。注意スタイルは、「広い—狭い」「内的—外的」の 2 次元モデルで説明できる。

1　集中力の実態

（1）集中力としての注意集中

　スポーツの現場で重視されている「集中力」は、限られた場面や時間に対して意識を集約させるスキルであると捉えることが多いが、スポーツ心理学ではそのスキルを「注意集中」と呼んでいる。

　注意集中は「対象そのものに注意を向け、雑念や妨害刺激にとらわれずに、その注意を状況に応じて切り替え、かつ持続させる能力」[1] と定義されている。つまり、じっと一点を見つめ続ける状況を指すだけではなく、その種目や場面に応じて意識の焦点を変えることがスポーツの現場では必要となってくる。では、具体的にはどのような状態のことを指すのだろうか。

（2）種目の場面に応じた注意スタイル

　スポーツにおける注意の在り方を、スタイルとして捉えて分類したのはナイデファー（Nideffer, R. M.）である。ナイデファーは、場面が異なれば必要となる注意も異なるとし、それぞれに応じた注意スタイルを 2 次元モデル（注意の幅／注意の方向）によって説明している（図 6-1）。具体的には、注意の幅として、注意を広くすること（広い）と、注意を狭くすること（狭い）の次元がある。注意の方向では、主に身体感覚やイメージに意識を向ける方向（内的）と、外的環境に意識を向ける方向（外的）の次元がある。

　そしてこの 2 次元から、4 つの注意スタイルが分類されている。相手や仲間、グラウンドコンディションなど、全体に意識を向けるスタイル（広く外的）、自身が行う実際のプレーそのものに意識をフォーカスしていくスタイル（狭く外的）、試合前にあらゆる戦略をイメージしたり、過去のパフォーマンスの振り返りを行うなど、広くイメージを展開していくスタイル（広く内的）、自身の身体に意識を向けたり、動作イメージを描いていくスタイル（狭く内的）の 4 つのスタイルである。

　さらに、注意スタイルは種目場面に応じて存在することが図 6-2 から分かる。したがって、自身の競技がどのような注意スタイルの特徴を持っている

のかを把握しておくことは重要である。

図 6-1　スポーツにおける注意スタイルの 2 次元モデル

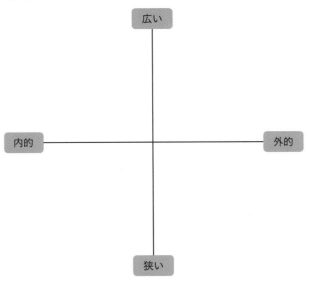

出典　R. マートン・猪俣公宏監訳『コーチング・マニュアル』大修館書店　1998 年　p.164

図 6-2　種目場面に応じた注意スタイル

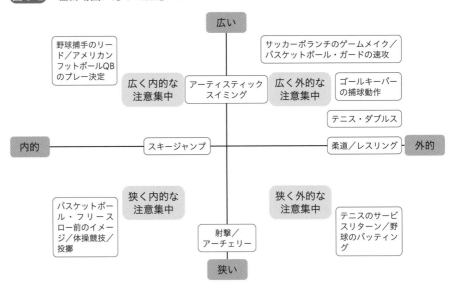

出典　日本体育協会編『公認スポーツ指導者養成テキスト　共通Ⅲ』広研印刷　2014 年　p.56 を一部改変

2　多様に変化する注意集中

（1）注意のシフトチェンジ

　注意スタイルを固定化することも大切だが、スポーツの現場では、状況によって注意をシフトチェンジしていくことも必要である。

　例えば、サッカーのようなオープンスキルスポーツでは、目まぐるしく状況が変わるため、注意スタイルもその都度変えていく必要がある（図6-3）。グラウンド全体に注意を向け、なおかつそのときの戦況を判断しながらプレーする際には、広く外的な注意スタイルが必要である。また、ハーフタイムでは後半の戦術・戦略プランを広く内的にイメージしながら、プレーのリハーサルを行うことも好ましいといえる。後半戦でペナルティーキックのチャンスが到来したら、蹴るポイントをよりフォーカスしたイメージをつくりながらリハーサルをする。そして蹴るポイントが定まれば、「あとはそのポイントに意識を集中して蹴るのみ！」といった注意のシフトチェンジがここでは想定される。

　また、クローズドスキルスポーツであれば、他者に対するパフォーマンスの影響は受けにくいため、より動作にポイントを絞った注意が想定される。

図 6-3　注意のシフトチェンジ

出典　フィル・カプラン『ウイダー・メンタル・コンディショニング・バイブル』
　　　森永製菓株式会社健康事業部　1999 年　p.185 をもとに作成

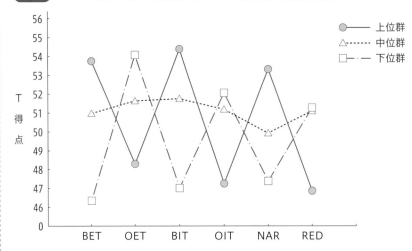

図6-4 テニス選手における注意スタイル尺度得点の技能別比較

凡例：
― ●― 上位群
‥‥△‥‥ 中位群
―□―・ 下位群

BET（広く外的な注意）	同時に多くのさまざまな外的な刺激を統合する能力。正確で素早い状況判断などに必要とされる。
OET（外的な刺激による過剰負荷）	外的な刺激による注意の妨害されやすさ。周囲の状況によって注意が散漫になる傾向。
BIT（広く内的な注意）	さまざまな考えや情報を統合する能力。自分の思考を統計立てたり、分析したり予測したりするときに必要とされる能力。
OIT（内的な刺激による過剰負荷）	内的な思考による注意の妨害されやすさ。一度に多くのことを考え過ぎて混乱する傾向。
NAR（狭い注意集中）	必要に応じて注意の幅を狭くすることができる能力。
RED（狭すぎる注意集中）	一つの刺激や思考に固執するなど、注意を狭くし過ぎて失敗する傾向。

出典　杉原隆・吉田伊津美「テニスプレーヤーの注意様式と技能水準―日常場面とテニス場面との関係、および因子構造の検討―」『スポーツ心理学研究』第16巻第1号　日本スポーツ心理学会　1989年　pp.20-27、杉原隆『運動指導の心理学　運動学習とモチベーションからの接近』大修館書店　2003年　p.69をもとに作成

　さらに、競技の技能レベルが高い選手ほど、その競技に適した注意のシフトチェンジのスキルも高い傾向にあることが分かっている（**図6-4**）。このことから、実力発揮を高める手段の一つとして、スムーズな注意のシフトチェンジが重要であろう。

（2）あなたに必要な注意スタイルとは？

　あなたが現在行っている競技に必要な注意はどのようなスタイルであり、どのようなシフトチェンジが必要になるだろうか。ナイデファーの2次元モデルを参考にしながらワークシート①に書き込んでみよう。

ワークシート①
あなたが行っている競技で必要とされる具体的な注意スタイルとは？

広く外的

狭く外的

広く内的

狭く内的

2　注意集中の阻害要因

注意集中を阻害する主な要因には、外因性の要因（視覚的・聴覚的・環境的など）と、内因性の要因（過去の出来事へのこだわり、プレッシャーなど）がある。

集中力の実態が注意集中であり、競技によって必要とされる注意スタイルや、状況によって注意をシフトチェンジしていく必要があることを前節で述べたが、うまく注意を向けることができないことや、その注意が持続できない場合もある。主にどのような理由によって注意集中が阻害されてしまうのだろうか。以下にその要因について解説していく。

1　外因性・内因性の問題

注意集中を阻害する主な要因には外因性のものと、内因性のものがある（表 6-1）。外因性の要因は、グラウンドコンディションが悪いことや、暑熱、観客の存在などである。内因性の要因は、過去の失敗を思い出してしまったり、勝つことの義務感を背負ったり、相手を強く見積もったりすることなどである。

表 6-1	注意集中の主な阻害要因

外因性

a．視覚的なもの（太陽、カメラ、ライバル、スコアボード）
b．聴覚的なもの（観客の声、雑音）
c．環境的なもの（天候、芝やコートのサーフェス、コースコンディション）
d．人的行為に関連するもの（誤審、ライバルの牽制・挑発行為）

内因性

e．過ぎた出来事にこだわる（失敗、過去の苦い経験、過去の栄光）
f．試合前から未来の出来事を心配する（勝敗、マスコミ記事、スポンサー契約）
g．心理的プレッシャーを自ら背負う（勝つことへの義務感、劣勢感情）
h．過剰に分析したり情報を集める（動きや身体感覚の過剰分析、過剰な相手情報）
i．やる気や目的意識が不十分である
j．疲労感を払拭できない

出典 図 6-2 に同じ　p.57

2 あなたにとっての阻害要因とは

　自身の競技経験において、どのようなことが注意集中の阻害要因になるのか。これまでの経験を振り返ることは、自身の阻害要因に対する捉え方の癖を発見し、改善点を見いだすヒントにつながっていく。ワークシート②に思いつく限り書き出し、整理してみよう。

ワークシート②
あなたの注意集中を阻害する要因は？

外因性の要因

内因性の要因

3 注意集中のスキル（基礎編）

注意集中のスキルを獲得するためのトレーニング技法としては、リラクセーション、作業法、呼吸法、肯定的思考など、多様な方法がある。

ここからは注意集中の切り替えや、切り替えた注意を持続していくための集中力養成には何をどのようにすればよいのか、注意集中のスキルを高めていくための基礎的なトレーニング技法を紹介していく。さらにはそれぞれワークを行いながら理解を深めていく。知識だけではなく、実際に自身が行っている競技にどのようにしたら応用できるかが見えてくるはずである。

主な注意集中トレーニング技法

表6-2 は、これまでに考案されてきた注意集中のスキル獲得のためのトレーニング技法である。表の中にはリラクセーションや肯定的思考など、一見すると注意集中の獲得に関係がないような技法があるように思われるが、これには注意集中の阻害要因に対して、選手の情動を適切にコントロールしていこうとする目的がある。したがって、これらの技法は注意集中を獲得するための準備段階となる重要なトレーニングである。

また作業法などは、ある課題を達成するために注意を持続することや、注意を配分することに対して努力していくトレーニングである。自身の競技に必要な注意スタイルを考慮したうえで、各技法を適宜選択する必要がある。

次項において 表6-2 で紹介した技法のいくつかをピックアップしながら、それぞれの注意スタイルに合わせたトレーニングを紹介していく。解説を読み終えた後に実際に行ってみるとよい。

表 6-2 注意集中のスキル獲得のためのトレーニング技法

リラクセーション	身体的精神的なリラックスした状態を作り出すことによって、必要なことがらに精神を集中する余裕を生み出す。
作業法	grid exercise（格子の中に書かれた 2 桁の数字を捜す）、ゆっくりとしたバランス運動、振り子のテスト（string exercise）などのような非常に努力を必要とする作業を行わせることによって、自分の意図することに注意を持続的に集中する能力を高める。
呼吸法	禅やヨガなどの呼吸法を練習させ、外的な刺激や雑念に妨げられないで呼吸に注意を集中することを学ばせる。
バイオフィードバック法	バイオフィードバックを利用して、精神が集中しているときの状態に気づかせ、いつでもその状態を作れるよう練習する。
凝視法	なにかの物体を長時間注視する練習をさせることにより、注意の持続力を高めることをねらっている。
妨害法	さまざまな妨害刺激のもとで作業や練習をさせることによって妨害の影響を受けないように妨害に対する抵抗力を高める。
自己分析法	練習や試合でどのようなとき、どのようなかたちで注意がそれやすいかを分析し、自己の注意の特徴を把握して対策を考える。
キーワード法	注意を向けるべき刺激や、対象や、動きや、心構えなどを示す言葉をあらかじめ key word として決めておき、試合中注意がそれそうになった時その言葉を唱えることによって注意を必要な対象に集中できるように練習しておく。
イメージトレーニング	試合当日試合場に入るまでにやるべきことがら、試合場に入ってからやるべきことがら、試合中になすべきことがらなどをあらかじめイメージトレーニングによってリハーサルしておき、自動的にそれらに注意を向けられるようにする。
ピークパフォーマンス法	最高の成績を挙げたときの自分の精神状態を思い起こし、あるいはまた、最高の状態で試合を行っているときの様子を想像し、イメージトレーニングによっていつでもそのような精神状態を作り出せるように練習しておく。
達観法	不安や心配事などによって注意がそれることを防ぐため、不安を持ったり心配してもなんの役にも立たないどころかかえって害になること、さらには、勝敗に拘ることが実力の発揮を大きく妨げることを理性的に理解させ、いわゆる「開き直り」の境地を作り出すことによって「今、ここに」集中できるようにする。
アファアーメーション	affirmation により、不安を取り去り自分に自信をつけることによって注意がそれることを防ぐ。
肯定的思考	物事を悲観的に捉えるのではなく、良い方に良い方に楽観的に考える習慣を形成することによって不安や心配ごとを取り去り、注意がそれることを防ぐ。
過剰学習法	予想されるさまざまな試合場面を想定し、それぞれについて十二分な練習をして戸惑わないようにしておく。

出典　猪俣公宏編『選手とコーチのためのメンタルマネジメント・マニュアル』大修館書店　1997 年　p.24

2 基礎的な注意集中トレーニング

(1)「狭く内的」なトレーニング

　振り子を使った作業法は、狭く内的な注意を持続する感覚を養うトレーニングである。これは振り子が揺れ動くイメージを持つと、手から吊るされた

図 6-5　振り子を用いたトレーニング

図 6-6　振り子を使ったトレーニングの手がかり

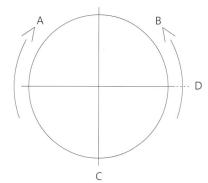

指示：A―ひじを固定し、重りが円を時計
　　　　まわりに動くことをイメージす
　　　　る。
　　　B―次は反対回りに動くことをイ
　　　　メージする。
　　　C―次は身体の前後方向に重りが
　　　　動くことをイメージする。
　　　D―次は身体と平行に左右に振れる
　　　　ことをイメージする。

出典　Harris, D. V., and Harris, B. L.（1984）*The athlete's guide to sports psychology : mentalskills for physical people.* Leisure Press. 、日本スポーツ心理学会編『スポーツメンタルトレーニング教本　改訂増補版』大修館書店　2005 年　p.105

振り子が徐々に動き出すことをねらったトレーニングである。

図 6-5 のように机にひじをついて、先端の重りに注意を集中させる。最初に時計回りの方向に重りが回るイメージ、次に反時計回りや前後左右など、さまざまなイメージをする。重りの動きはどうなったであろうか。

最初は 図 6-6 のように白紙に円を描き、動きの手がかりを使うと注意集中しやすくなる。

（2）「狭く外的」なトレーニング

凝視法は、狭く外的な注意を持続する感覚を養うトレーニングである。ペン先などの対象に視線を固定し、長時間にわたって注視するトレーニングである（図 6-7）。応用として、複数の対象物を交互に注視していく方法もある。実施時間は、競技の遂行時間（例えば、バスケットボールであればフリースロー）を目安にしてみるのがよいであろう。

図 6-7　対象物を用いたトレーニング

（3）「広く内的」なトレーニング

　イメージトレーニングは、イメージを多用して、広く内的に注意を向けていく感覚を養うトレーニングである。基礎的な位置づけであるため、用いるイメージも日常的なものが好ましいといえよう。

　例えば、起床から家を出るまでのモーニングルーティンの場合、ベッドから起きて顔を洗い、鏡に写る自分までイメージできるだろうか。その後、今日着ていく服を選ぶとき、色までイメージが再現できるだろうか。さらに、ホットコーヒーを飲んでいるとき、家族は何をしているだろうか。このようにイメージトレーニングは、日ごろから経験していることから始めると導入しやすくなる。

（4）「広く外的」なトレーニング

　作業法の一つであるグリッドエクササイズは、広く外的に注意を向けていく感覚を養うトレーニングである。

　ランダムに並んだ数字（図 6-8）の中からパートナーに 1 つ数字を決めてもらい、指定された時間の中で順番に決められた数字を探していく（例：20 → 21 → 22）。表 6-3 は 2 分間で行った結果の 5 段階評定であるので、参考にしてもらいたい。

　このグリッドエクササイズは応用の範囲がかなり広い。数字をカウントダウン（例：20 → 19 → 18）で探していくことや、倍数（例：2 → 4 → 6）でも用いることができる。エクササイズに慣れてくれば、注意集中が阻害される要因をあえてつくってみる。例えば、パートナーに加算課題（表 6-4）を出してもらい、それに答えながらグリッドエクササイズを行うことや、あえて騒音の中に身を置いて行ってみてもよいだろう。

図 6-8　グリッド（格子）を用いたトレーニング

42	95	91	65	62	03	37	24	74	57
20	31	63	47	72	32	08	46	64	48
44	84	43	09	58	23	60	22	89	98
33	61	36	45	75	14	55	87	12	53
04	93	92	78	50	73	17	27	02	68
10	07	21	88	39	82	15	01	41	05
29	94	90	96	38	69	77	11	85	34
97	35	49	83	59	79	86	71	80	26
00	52	51	19	28	56	76	16	06	18
67	40	70	54	25	13	66	99	30	81

表 6-3　数字探しの 5 段階評定値

段階評価	1	2	3	4	5
数字探し （2 分）	〜 9	10 〜 16	17 〜 22	23 〜 28	29 〜

出典　日本スポーツ心理学会編『スポーツメンタルトレーニング教本　改訂増補版』大修館書店　2005 年　p.108

表 6-4　加算課題の出題例

2	+	6	=	8
6	+	2	=	8
8	+	7	=	15
3	+	8	=	11
5	+	3	=	8
9	+	6	=	15
1	+	5	=	6
5	+	4	=	9

5	+	9	=	14
6	+	7	=	13
3	+	8	=	11
5	+	6	=	11
8	+	5	=	13
9	+	8	=	17
1	+	7	=	8
2	+	9	=	11

4	+	8	=	12
8	+	6	=	14
9	+	2	=	11
3	+	7	=	10
5	+	6	=	11
7	+	3	=	10
2	+	5	=	7
7	+	6	=	13

（5）基礎トレーニングの自己分析

　これまでの基礎トレーニングを行ってみてどのように感じただろうか。うまく集中が持続できた人、注意が散漫になってしまい疲れてしまった人など、それぞれであろう。集中が持続できた人はなぜ集中が持続できたのか、疲れてしまった人はなぜ疲れたのか。注意集中のスキルを高めていくためには、トレーニングの繰り返しが重要であることは間違いないが、うまくいったことや、うまくいかなかったことを自己分析することによって、注意集中のスキル改善の手がかりをつかむことができる。ここではポイントを3つに絞って自己分析を行っていく。以下の説明に沿ってワークシート③に書き込んでみよう。

　例として、グリッドエクササイズのパフォーマンス向上について考えてみる。どのようにすればうまく数字が見つけられるだろうか。思いつく限り書き込んでみる。書き込んだら、その作戦に従って再度グリッドエクササイズを行ってみる。

　次は、再度行った結果の振り返りである。うまくいったときはどのような特徴があり、そのときの感覚はどのようなものであったか。そして、うまくいかなかったときはどのような特徴があり、そのときの感覚はどのようなものであったか。うまくいったときの注意は、あなたにとって得意な注意スタイルの一つである可能性がある。うまくいかなかったときの注意は、より意識した注意集中が必要となるかもしれない。確認してみよう。

ワークシート③
自己分析してみよう

> どうすればパフォーマンスが上がりそうか？

> うまくいった（注意がコントロールできた）ときは、どのような感じであったか？

> うまくいかなかった（注意がコントロールできなかった）ときは、どのような感じであったか？

出典 「平成30年度日本スポーツメンタルトレーニング指導士会 九州沖縄支部地区研修会資料」2019年をもとに作成

4 注意集中のスキル（実践編）

　この節で紹介する技法は、競技場面を想定した実践的なトレーニングとなる。しかし、実践的であればあるほど基礎的なトレーニングが重要であることは変わらない。第 3 節での基礎的なトレーニングによって獲得された注意集中のスキルが土台となっていることが前提となる。

1 競技場面の自己分析

　実践的なトレーニングを効率よく行うために、競技場面における自己分析をしてワークシート④に書き込んでいこう。

　まずは、試合中にあなたはどのような注意をしていただろうか。競技によって場面ごとに異なる場合は、それぞれ書いてみる。次に、試合中、うまくいったときは、どのような特徴があり、そのときの感覚はどのようなものであっただろうか。そして、うまくいかなかったときは、どのような特徴があり、そのときの感覚はどのようなものであっただろうか。それらを同様に記していく。

　第 2 項以降で述べるトレーニングでは、作成したシート（ワークシート①・④）を素材として用いると、注意集中の場面が特定され、トレーニングしやすくなるだろう。

ワークシート④
競技場面での自己分析をしてみよう

試合中どのような注意をしていたのか？

試合中、うまくいった（注意がコントロールできた）ときは、どのような感じであったか？

試合中、うまくいかなかった（注意がコントロールできなかった）ときは、どのような感じであったか？

出典　ワークシート③と同じ

2 内的なシフトチェンジトレーニング

　実際の試合では、必要な注意に焦点を合わせ、それを持続させていくことが必要となる。さらに状況に応じて注意をシフトチェンジさせていくことが重要である。ここでは、シフトチェンジしていくリハーサルを積み重ねていくことで、試合に必要な注意集中のスキルを高めていくことをねらいとする。

　初めに、内的なイメージでの広い注意である。まず、試合場面のイメージとして、試合会場に入ったときの周りの景色やピッチコンディション、オープンスキル系の種目であれば試合中にうまくいった状況判断のプレーをイメージする。例えば、サッカーでパスがうまくいったときの、敵や味方の位置関係にいつどのような注意をしていたのか。柔道であれば、過去に一本を取った試合において、相手に対してどのような注意をしていたのか。繰り返しのイメージが実際のゲームプランの構築となり、試合への集中につながるだろう。

　次に、イメージの中で狭い注意にシフトチェンジしてみる。例えば、パスをするときに足のどの位置で、どれくらいの強さで蹴るのか。また、相手を投げるときの道着への指のかかり具合はどうなのか。イメージの中で動きや、それに伴う感覚に注意をシフトしていく。

　広い注意から狭い注意へは、連続した場面でのイメージでシフトチェンジすることが重要である。

3 外的なシフトチェンジトレーニング

　次に、内的なシフトチェンジトレーニングで用いたイメージを、実際の練習時に用いて外的な場面でシフトチェンジする。練習前に具体的な注意の課題をメモしておくと、気持ちが分散せずに集中できる。

　広い注意では、例えば内的なシフトチェンジトレーニングで用いたイメージで注意を敵や味方に向けながらパスの練習をしたり、相手への注意を確かめたりしながら稽古をする。同時に、動作時の自分の身体の使い方、感じ方における狭い注意においても、内的なシフトチェンジトレーニングで用いたイメージを意識しながら練習する。

4　連続体を意識したトレーニング

　内的なシフトチェンジトレーニングと外的なシフトチェンジトレーニング
で各場面のトレーニングの習熟が実感できれば、すべてを連続体として捉え、
トレーニングに組み込んでいく。

　具体例として 図6-9 を見てほしい。まずは、相手の位置やスコアなど広く
外的に注意集中し、その情報をもとにして広く内的にイメージを展開させて
試合のプランを立てる。プランを立てたら、それに関わる動作のポイントを
狭く内的にイメージする。そして、注意を狭くしながらその動作を実行させ
る。その後は、種目によって広く外的な注意にシフトチェンジしながら、練
習を行っていくアプローチもあるだろう。もちろん、この流れに従う必要は
なく、競技特性やその場に応じて適切な注意のスタイルを自ら取捨選択して
いくことが重要である。

図6-9　注意集中の連続体を意識したトレーニング

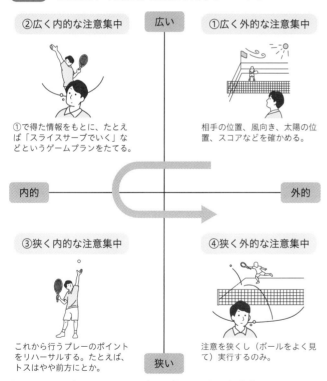

②広く内的な注意集中
①で得た情報をもとに、たとえ
ば「スライスサーブでいく」な
どというゲームプランをたてる。

広い

①広く外的な注意集中
相手の位置、風向き、太陽の位
置、スコアなどを確かめる。

内的　　　　　　外的

③狭く内的な注意集中
これから行うプレーのポイント
をリハーサルする。たとえば、
トスはやや前方にとか。

狭い

④狭く外的な注意集中
注意を狭くし（ボールをよく見
て）実行するのみ。

出典　R・ナイデファ、R・フェアバンク（藤田厚・杉原隆訳）『テニス・メンタル
　　　必勝法—勝つためのスポーツ心理学—』大修館書店　1988 年　p.14 をもと
　　　に作成

引用文献

１）日本スポーツ心理学会編『スポーツメンタルトレーニング教本　改訂増補版』大修館書店　2005 年　p.105

参考文献

・R. マートン（猪俣公宏監訳）『コーチング・マニュアル　メンタルトレーニング』大修館書店　1991 年　p.164
・日本体育協会編『公認スポーツ指導者養成テキスト　共通科目Ⅲ』広研印刷　2014 年　p.56
・杉原隆『運動指導の心理学―運動学習とモチベーションからの接近―』大修館書店　2003 年　p.69
・猪俣公宏編、JOC・日本体育協会監修『選手とコーチのためのメンタルマネジメント・マニュアル』大修館書店
　1997 年　p.24
・日本スポーツ心理学会編『スポーツメンタルトレーニング教本　改訂増補版』大修館書店　2005 年　p.108
・日本スポーツ心理学会編『スポーツメンタルトレーニング教本　三訂版』大修館書店　2016 年
・杉原隆『運動指導の心理学―運動学習とモチベーションからの接近―』大修館書店　2003 年　p.68
・R. M. ナイデファー・R. C. シャープ（加藤孝義訳）『集中力―テストとトレーニング―』河出書房新社　1995
　年
・杉原隆・吉田伊津美「テニスプレーヤーの注意様式と技能水準―日常場面とテニス場面との関係 , および因子構
　造の検討―」『スポーツ心理学研究』第 16 巻第 1 号　日本スポーツ心理学会　1989 年　pp.20-27
・Harris, D. V., and Harris, B. L. (1984) *The athlete's guide to sports psychology : mentalskills for
physical people.* Leisure Press.

学びの確認

①スポーツにおける注意集中にはどのような特徴がありますか。自身が行っている競
技との関連から説明してみましょう。

....

....

....

②注意集中を阻害する外因性および内因性の要因にはそれぞれどのようななものがあ
るか挙げてみましょう。

....

....

....

③あなたに必要な注意集中にはどのような特徴があり、またそのスキルを高めるト
レーニングにはどのような方法がありますか。

....

....

....

武道鍛錬者の集中力

　高い集中力が必要とされるものに武道があります。2012年ロンドンオリンピック柔道女子57kg級において、金メダルに輝いた松本薫選手。試合直前、完全に集中していると分かる眼光鋭い表情は、いまだに記憶に残っているシーンではないでしょうか。また、2021年開催の東京オリンピック空手男子形において、金メダルに輝いた喜友名諒選手。最初から最後まで一切の緩みもなく集中していることが分かる雰囲気で演武を行っていました。なぜ武道鍛錬者には、これほどまでの集中力が養われているのでしょうか。何か特別な理由があるのでしょうか。武道鍛錬者の体験の中にヒントがあるかもしれません。

　田邊信太郎らは、武道高段者を対象とし、長年にわたる修行中の現象的体験を、アンケート調査からまとめています。その結果、集中力に関する質問において、武道高段者が集中力を養う方法として、次の2つが比較的多い回答として挙げられました。1つは黙想や呼吸法などの身体的技法です。これに関してはメンタルトレーニングにも用いられることがあり、私たちにもなじみがあるものではないでしょうか。興味深いのはもう1つの回答です。それは基本技の繰り返しなど、稽古での地道な精進を説くも

のでした。これに関しては、稽古形態や動きの中で集中力を養う場面が多いこと、さらに日々の繰り返しによって、意識的かつ無意識的に集中力が培われていくことが想像できます。

　稽古が大切であることは当たり前のように思われますが、実は本章第1節で登場した注意スタイル2次元モデル提唱者のナイデファーは、モデル構築の際、日本での武道修業の経験をヒントにしていました。この事実に鑑みても、武道には稽古の中に集中力を養成していく特性が元来備わっていることが分かります。前述の松本薫選手や喜友名諒選手においても、柔道や空手の競技特性に加え、過酷な稽古の積み重ねによって、類まれな集中力が養成されていったのではないでしょうか。

　自身の競技においても、集中力を高めることができる練習形態や技があるかもしれません。そうした視点で今一度、練習やトレーニングを振り返ってみてはいかがでしょうか。

［参考文献］
・田邊信太郎・石塚正一・樗沢隆治・大矢稔「武道高段者の武道体験に関する調査（2）―集中力および気について―」『武道学研究』第26巻 Supplement号 日本武道学会　1993年　p.15

効果的な練習プログラムを立案する

なぜこの章を学ぶのですか？

　スポーツにおいて練習は欠くことのできない要素の一つです。しかし、何も考えずに練習を行えばよいというわけではありません。実際の練習を行うにあたっては、練習計画の立て方がその後の運動学習に大きな差をもたらします。この章では、効果的な練習プログラムを立案するために、どのようなことに注意したらよいのかについて考えていきます。

第7章の学びのポイントは何ですか？

　本章の具体的な学びのポイントについては、下の二次元コードから動画を視聴してください。そして、そのうえで下記の「考えてみよう」にも取り組んでみてください。

考えてみよう

① あなた自身がこれまでに取り組んできたスポーツの練習を思い出してみましょう。競技によって異なると思いますが、どのような練習プログラムを行うことが多かったのでしょうか。

② あなた自身がこれまでに行ってきた最も効果的な練習プログラムはどのような内容でしたか。

1　運動学習

運動学習とは、これまでにできなかった運動ができるようになっていく過程のことである。運動学習については、情報処理モデルやスキーマ理論などによって説明されている。

運動学習とは何か

（1）運動学習とは

　アスリートは、試合に勝つためや記録を向上させるために、日々練習に取り組んでいる。運動学習は、アスリートが練習に取り組むうえで考えなければならない課題である。運動学習とは、練習や経験を通じて「できなかった」運動が、正確に、迅速に、安定して適切に「できる」ようになっていく過程のことである[1]。これらは知覚を手がかりとして、運動を目的に合うようにコントロールする能力である運動技能が向上していく過程でもあり、知覚と運動の協応関係の高次化ともいわれている。

　例えば、テニスを始めたばかりのころは、相手のフォームや飛んでくるボールを見ても、コースやスピード、球種の違いを正確に見分けることができない。また、このような状態では、当然飛んできたボールに対してもうまく打ち返すこともできないだろう。これは運動の手がかりである知覚があいまいで不正確だからである。高次化するということは、相手のフォームや飛んでくるボールなどの感覚的な手がかりから、コースやスピード、球種の違いなどをより細かく正確に見分けられるということや、目的に応じて打ち方を変え、自分の思うようにボールを打つことができるようになることを意味している。これがテニスにおける知覚－運動協応が高次化するということである。

（2）運動の学習段階

　アスリートが練習や試合を通じて技術を獲得していく過程においては、いくつかの学習段階があると考えられている。フィッツとポスナー（Fitts, P. M. and Posner, M. I.）[2]は、運動学習における実験室的な研究成果と経験豊かな運動指導者に対する面接調査の結果から、三段階説を提唱している。

　第一の段階は、学習するべき課題を認知する段階（認知段階）である。この段階では、学習者がどのような運動課題を行うかを理解していくことが求められる。例えば、テニスであれば、テニスがどのようなスポーツなのか、ボールを打つときには、どのようにラケットを動かすのか、あるいはどのように

身体を動かすのかなど、知的に理解するということである。この段階では、言語的に考えたり、どのようにすればうまくいくのかを試行錯誤したりすることから、言語−認知段階とも呼ばれている。

　第二の段階は、運動スキルが定着する段階（連合段階）である。この段階では、個々の運動が反復練習を長時間続けることで次第に滑らかな協応動作へと変化していく。このときに最も重要な役割を果たすのは、フィードバックである。フィードバックを手がかりとして、運動の修正を繰り返すうちに、自分の動きが次第によく感じ取れるように変化していく。この段階では、「何を行うか」という段階から「どのように行うか」という段階への変化があり、自分の運動を言語的には説明しにくくなるといわれている。

　第三の段階は、意識せずに運動スキルを再現する段階（自動化段階）である。この段階では、運動に対する注意が減少し、言語は運動遂行に不要となる。そのため、運動を特に意識して注意しなくても自動的に遂行することが可能となる。これは、連合段階で運動の繰り返しにより脳の中に運動プログラム（筋への運動指令）が形成されるためであると考えられている。

2 運動学習における情報処理モデル

（1）運動学習の情報処理モデル

　運動学習理論では、人間を一種の運動制御システムと見なす情報処理モデルが用いられている。このモデルでは、外界から必要な情報を取り入れ、記憶として蓄積された情報を利用しながらさまざまな処理を行い、最終的に運動行動として出力する運動制御システムとして人間を捉えるという考え方である。運動制御の過程においては、フィードバックという要素が最も重要な役割を果たしている。このフィードバックは、運動制御において中核部分となるフィードバック制御とフィードフォワード制御に大別される。

　フィードバック制御とは、運動の目標と動作の結果を比較して、その誤差を検出し、次の運動に修正する手がかりとして利用するという働きのことである。例えば、目標となるターゲットに対してボールを蹴るという課題の際には、初めはうまくターゲットにコントロールすることができないだろう。しかし、練習に伴うフィードバックを得ることによって明瞭で正確な内的基準が形成され、次第に正確なコントロールが可能となる。

　フィードフォワード制御とは、予測情報をもとに次に起こる動作を予測し、動作の開始前に運動プログラムを決定して実行する働きのことである。例えば、ピッチャーが投げたボールをバッターが打つためには、ボールが手元に

くる前に運動が開始されなければ、適切にボールを打つことができない。

（2）結果の知識とパフォーマンスの知識

　スキルを習得する過程において、反復練習を行うことは非常に重要である。しかし、反復練習だけでは上達することはできない。例えば、テニスのストローク練習をしているときに、打ったボールを全く確認しない人はいないだろう。必ず打ったボールがどこに飛んでいき、そのボールがコート内に入ったのかまたはアウトしたのかということを確認するはずである。このように練習では、試行ごとに結果の確認をしなければ、いくら練習を重ねても学習効果は期待できない。つまり、練習を行う際には常に結果の確認をすることが重要となる。このような運動の成果や運動による環境の変化に関するフィードバックのことを、結果の知識（Knowlede of Results：KR）と呼んでいる。これに対して、遂行した運動パターン（フォームなど）について、指導者から運動学的な情報を与えられることがある。例えば、テニスのストロークを練習している際の、指導者からの「右肩が下がっている」「ひざが曲がっていない」といった言語的フィードバックなどである。このようなフォームなどに対するフィードバックのことを、パフォーマンスの知識（Knowlege of Performance：KP）と呼んでいる。

（3）運動学習におけるスキーマ理論

　一般的にスキーマとは、構造化された一群の概念から成り立つもので、物事を理解したり記憶したりする際の枠組みとなる抽象的で一般化されたルールのことである。

　運動学習におけるスキーマ理論では、スポーツにおいて技術が獲得され、運動が学習されるときには、運動に関するスキーマすなわち、ある運動に共通し抽象化された一種のルールが形成されると説明されている。例えば、ある力の入れ具合（運動パラメータ）でボールを蹴ったら、10 m（運動結果）のパスができる。それよりもっと強く蹴れば、もっと遠くの 20 m のパスができる。このように運動パラメータと運動結果には関数関係が成り立つが、この関数関係といった抽象的なルールが、ボールを蹴る際に形成される運動スキーマである [3]。つまり、運動を繰り返していくうちに、力量やタイミングなどの調整されたパラメータと遂行結果との関数関係が成立していき、目標とする運動に応じてふさわしいパラメータが選択できるようになるという考えである（図 7-1）。

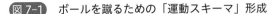

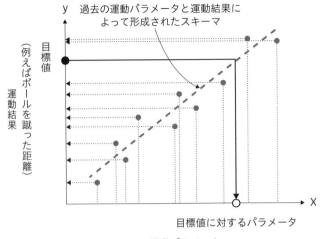

図 7-1 ボールを蹴るための「運動スキーマ」形成

y　過去の運動パラメータと運動結果に
　　よって形成されたスキーマ

目標値
(例えばボールを蹴った距離)
運動結果

目標値に対するパラメータ

運動パラメータ
(例えばボールを蹴る強さ)

X

出典　徳永幹雄編『教養としてのスポーツ心理学』大修館書店　2005 年　p.98 を一部改変

2 練習スケジュール

運動学習を効果的に高めていくための練習スケジュールには、さまざまな方法がある。

　効果的な練習プログラムを立案するためには、練習スケジュールについても理解を深める必要がある。本節では、心理学的側面からどのような練習スケジュールで行えば、運動学習を効率的に高めることができるのかについて考えていく。

恒常性練習と多様性練習

　スポーツである技術を獲得しようとする際、一般的には何度も同じ動作を繰り返して練習することが多い。このような練習を恒常性練習という。この練習では一定の目標に対して一定の運動を反復し、エラーを修正しながら正しい動作を身につけていく。また、初心者のころによく行われることが多い。これは同じ動作を繰り返してエラーを修正していく中で、次第に正しい運動ができるようになり、技術が獲得されたような実感を持ちやすいからである。
　しかし、運動学習のスキーマ理論を考慮すると、このような練習の仕方は効率的ではない。むしろ、正しい運動を繰り返すよりも、運動をさまざまに

変化させる多様性練習を行うことが重要である。この練習では、運動をさまざまに変化させて行うため、恒常性練習と比較するとエラーが伴いやすく、技術が獲得された実感が得られにくい。しかし、多様性がある練習は、運動のやり方についての意図と運動したときの感覚、運動の結果との関係についてのルールである感覚運動スキーマが形成されやすく、結果として正確な技術を獲得することができる。

2 ブロック練習とランダム練習

　複数の技術練習をする際に、最も頻繁に行われているのがブロック練習である。ブロック練習とは、ある 1 つの技術を連続して練習してから次の技術に移るというように、練習の順序をブロック化して行う（例えば、AAAA、BBBB、CCCC）方法である。そのほかには、複数の技術を無作為な順番で練習するランダム練習という練習方法もある。ランダム練習では、1 回 1 回異なる動きを行う（例えば、ACBC、BABC、CABA）。そのため、練習中はブロック練習がランダム練習より高いパフォーマンスを示すが、少し時間をおいて学習効果を調べてみると、ランダム練習はブロック練習より保持テストや転移テストなどの成績が良くなるという逆転現象を示す（図 7-2）。これは文脈干渉効果といい、これまでに数多くの研究で報告されている [4] [5]。

図 7-2　ブロック練習とランダム練習の典型的なパフォーマンスの変化

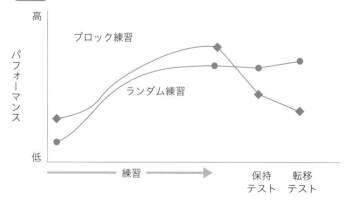

出典　Goode, S., and Magill, R. A. (1986) Contextual Interference Effects in Learning Three Badminton Serves. *Research Quarterly for Exercise and Sport,* 57(4), 312. を一部改変

3 全習法と分習法

　練習を行う際に、練習課題の全体を最初から一括して扱いながらひとまとまりで練習を繰り返す方法は全習法（全体学習）といわれている。一方で、練習課題をいくつか分割して部分ごとに練習する方法は分習法（部分学習）といわれている。分習法では、次の3つの方法が用いられている（表7-1）。

　1つ目は、完全分習法（純粋分習法）である。これは練習課題をいくつかの部分に分割し、それらを別々に練習し、すべての部分練習が終了してから分割していた練習を一括して行う練習法である。

　2つ目は、累積分習法（漸進的分習法）である。これは、全体をA、B、Cというように、いくつかの部分に分割して練習を行う。初めはAのみを練習し、それを終えるとBの練習を行う。それぞれの練習を終えると次にA＋Bの練習を行う。そして、これを終えると次はCのみを練習する。これを終えると最後に、A＋B＋Cを練習するという練習法である。

　3つ目は、反復分習法である。これは、まずAを練習し、次にBを付け加えてA＋Bの練習を行う。そして、最後にCを加えてA＋B＋Cの練習を完成させるという練習方法である。

　全習法と分習法のどちらが効果的かについては、たびたび議論されるが、学習者の年齢や学習状況、練習方法など、さまざまな条件が影響するため一概に断定することはできない。例えば、学習者の年齢が低い場合や課題ごとの関連性が低い場合、課題の量が多くて把握が困難な場合には、分習法が効果的であるといわれている。一方、学習者の年齢がある程度高い場合や課題ごとの関連性が高い場合には、全習法が効果的であるといわれている。全習法と分習法には、それぞれにメリットとデメリットがあるが、スキーマ理論を考慮すると全習法がやや効果的なのではないかと考えられる。

　もし全習法と分習法を組み合わせるのであれば、まずは全習法で改善点を特定し、その後は分習法で特定した技術や戦術を集中的に練習する。そして

表 7-1　全習法と分習法の構造

	全習法	完全分習法	蓄積分習法	反復分習法
練習1	ABC	A	A	A
練習2	ABC	B	B	AB
練習3	ABC	C	AB	ABC
練習4	ABC	ABC	C	
練習5			ABC	

出典　日本スポーツ心理学会編『スポーツ心理学事典』大修館書店　2008年　p.215を一部改変

最後に再び全習法で練習することにより、全体的な効果を高めることができるものと考えられる。

4　集中練習と分散練習

　練習を行う際に、休憩を取らずに継続的な練習を行うことを集中練習といい、練習中に休憩を入れながら練習を行うことを分散練習という。集中練習と分散練習については、練習中では分散練習が集中練習よりも明らかにパフォーマンスが高まる。この現象は分散効果[*1]と呼ばれている。しかし、練習後に少し時間をおいて同じ課題を行うと、両者の差はほとんど見られなくなることが明らかにされている。これは休息がもたらすレミニセンス効果[*2]である。

　練習時間と休憩時間との関係性については運動課題の性質によって異なり、高いエネルギー消費を伴う運動ほど学習が休息から受ける恩恵が大きいため、分散練習が効果的である。これは、精神的・身体的負担が大きいため、疲労による集中力の低下やけがの防止をすることにもつながると考えられる。一方、エネルギー消費の少ない運動ほど休憩時間の割合が少なくてよいことからも、それらにおいては集中練習が効果的である。

　また、競技者のスキルのレベルによっても検討する必要があり、新しいスキルや複雑なスキルの習得を試みる際、あるいは初心者のころは、運動に必要な情報処理を行う時間的余裕が必要であることからも、分散練習が集中練習よりも効果的であると考えられる。

5　自己調整学習

　効果的な練習を行ううえでは、学習者自身が練習スケジュールやフィードバック情報をどのように利用するかも重要である。これは自己調整学習と呼ばれており、運動遂行を向上させる重要な要因であり、練習の質を評価する指標として考えられている[6) 7)]。

　自己調整学習には、①目標設定や計画などの方略を含む予見段階、②イメージや時間マネジメントといった、実際の課題遂行に関連する方略を含む遂行制御段階、③遂行後の評価や反省を含む自己省察段階という 3 つの段階が存在している。課題を達成するためには、前の段階が次の段階へ影響しながら進んでいく循環プロセスであると考えられている[8)]。

＊1　分散効果
分散学習によって記憶が長続きすることも分散効果という。

＊2　レミセンス効果
レミセンス効果は、新たに習得しようとした技能や技術が最初の練習ではなかなか上手くいかないが、一定の時間を置いてから再度実施すると、前回よりもうまく実行できるようになる現象を指す。

これまでの学習者の自己調整学習を調査した研究では、競技成績との関連があると報告されていることから、自身のパフォーマンスレベルを向上させるためには、指導者から与えられた練習をただこなせばよいというわけではなく、質の高い練習にどの程度主体的に取り組めているのかということにも目を向ける必要があるものと考えられる[9]。

3 練習効果を高める心理的なトレーニング

効率的にパフォーマンスを向上させるための心理的なトレーニング方法には、観察学習（モデリング）、認知的トレーニング、メンタルプラクティスなどがある。

身体的練習を繰り返すことは非常に重要であるが、練習以外の側面にも目を向ける必要がある。本節では、効率的にパフォーマンスを向上させるための身体的な練習方法ではなく、心理的なトレーニング方法についても考えていく。

1 観察学習（モデリング）

観察学習とは、学習者（観察者）が実際に体験しなくても、他者の行動を観察することによってその行動様式を学習することであり、モデリングとも呼ばれている。バンデューラ（Bandura, A.）[10] は、モデリングが成立するためには注意過程、保持過程、運動再生過程、動機づけ過程の4つの過程が必要であると述べている。

第1の注意過程は、学習者が学習しようとする動きに注意を向けて見る過程である。示範が最も重要な意味を持っており、重要な動きに注目し、正確に知覚することが求められる。

第2の保持過程は、見たことをイメージや言語情報に変換し、記憶する過程である。ここでは、イメージや言語情報に変換し、多くの情報を正確に保持することが求められる。

第3の運動再生過程は、保持過程で記憶した情報をもとに運動技能に変換する過程である。すでに習得した動作を行う場合には容易に実行できる。しかし、新しい動作を習得する場合には、見た動作と同じようにやってみて、フィードバックを使って自分の動きを見た動作に近づけていく必要がある。

第4の動機づけ過程は、行動を強化し、促進する過程である。外部から

学習者にもたらされる外的強化、モデルが受ける代理強化、学習者自身による自己強化などが挙げられる。

2　認知的トレーニング

　効果的な練習プログラムを行うためには、練習だけでなくそれ以外にも時間を費やすことが必要である。特にオープンスキルが必要とされるボールゲーム系の種目においては、状況判断能力を向上させるための認知的トレーニングが注目されている。認知的トレーニングとは、身体動作を伴わず、選手自身やほかの選手がプレーしている映像を活用し、予測や認知といった状況判断の問題に焦点を当ててトレーニングを行うものである[11]。サッカーやバスケットボール、ラグビーフットボール、テニスなどの数多くの競技で認知的トレーニングを用いた研究がこれまでに行われている。サッカー選手を対象にした研究では、身体練習とビデオを用いた認知的トレーニングを 4 週間行った結果、パターン認識能力と予測能力が高められた。これにより、フィールドでのパスやシュート、ドリブルに関する意思決定能力が向上したと報告されている[12]。

　認知的トレーニングを行う際の注意点として、①決定的場面の抽出を慎重かつ、プレイヤーのスキルレベルに沿って選択する。②トレーニング中は、決定的場面を詳細かつ理論的に説明できるコーチやリーダーが必要である。③プレイヤーがプレーを言語化しやすいように、ワークシートなどを作成する。④最適なトレーニング頻度はチームやプレイヤーのスキルレベルにもよるが、1 回のトレーニングで 3 ～ 5 場面、週に 2 ～ 3 回が適当であるといったことなどが挙げられている[13]。

3　メンタルプラクティス

　実際に身体を動かして行う身体的練習に対して、身体をほとんど動かさずに運動しているイメージを想起することによって行う練習をメンタルプラクティスと呼ぶ[14]。このようなイメージを想起して行う練習法は、特別な器具や装置を必要としないため、時間的・空間的制限を受けることがなく、容易に取り組むことが可能である[15]。

　運動学習を目的としたメンタルプラクティスの効果については、数多くの研究がこれまでに行われてきたが、その効果は運動課題の性質によって異な

るといわれている。一般的にメンタルプラクティスは、身体練習より運動スキル学習やパフォーマンスの向上の効果が小さいとされているが、身体的練習と組み合わせて交互に行うことで、その効果をさらに大きくできるものと期待されている。また、メンタルプラクティスは、身体に対する負荷がほとんどないため、身体的疲労が大きなときや負傷などで身体的練習が困難な場合に実施できるという利点もある。

4 睡眠・仮眠

　アスリートにとっては、睡眠や仮眠も効率的にパフォーマンスを向上させるためには重要な要素である。しかし、アスリートの睡眠時間を調査した研究では、アスリートは非アスリートと比較すると睡眠時間が短いことが明らかにされている[16]。このような睡眠不足の状態は、生理学的および心理学的メカニズムを通じて、競技パフォーマンスに悪影響を及ぼす可能性があると考えられる。

　一方、睡眠時間を増やすことによるメリットについての研究も行われている。例えば、5 ～ 7 週間にわたり 1 日の睡眠時間を約 10 時間に延長したアスリートは、運動パフォーマンスの向上や心理的な気分状態（POMS）の改善、昼間の眠気の減少等がみられることが報告されている[17]。また、昼間に短時間（20 分間）の仮眠を行うことで、午後の運動パフォーマンスの低下を抑制することが明らかにされている[18]。このように睡眠を十分に確保することは、効率的にパフォーマンスを向上させることにつながるのではないかと考えられる。

引用文献

1 ）荒木雅信編『これから学ぶスポーツ心理学』大修館書店　2011 年　pp.12-18

2 ）Fitts, P. M. and Posner, M. I. (1967) *Human performance*. Brooks/Cole.

3 ）徳永幹雄編『教養としてのスポーツ心理学』大修館書店　2005 年　pp.97-100

4 ）Goode, S., and Magill, R. A. (1986) Contextual Interference Effects in Learning Three Badminton Serves. *Research Quarterly for Exercise and Sport*, 57(4), 308-314.

5 ）工藤孝幾「多様性練習が運動技術の記憶を促進するための条件―練習量の影響―」『スポーツ心理学研究』第 20 巻第 1 号　日本スポーツ心理学会　1993 年　pp.13-20

6 ）Zimmerman, B. J. (1989) Models of self-regulated learning and academic achievement. In Zimmerman, B. J., and Schunk, D. H. (Eds.), *Self-regulated learning and academic achievement: theory, research, and practice*. New York: Springer-Verlag, 1-25.

7 ）Toering, T., Elferink-Gemser, M. T., Jonker, L., Van Heuvelen, M. J. G., and Visscher, C. (2012) Measuring self-regulation in a learning context: Reliability and validity of the self-regulation of learning self-report scale (SRL-SRS). *International Journal of Sport and Exercise Psychology*, 10(1), 24-38.

8 ）Zimmerman, B. J. (2006) Development and adaptation of expertise: The role of self-regulatory processes and beliefs. In Ericsson, K. A., et al. (eds.), *The Cambridge handbook of expertise and expert performance*. Cambridge University Press, 705-722.

9 ）幾留沙智・中本浩揮・森司朗・藤田勉「スポーツ版自己調整学習尺度の開発」『スポーツ心理学研究』第 44 巻第 1 号　日本スポーツ心理学会　2017 年　pp.1-17

10）A. バンデューラ編（原野広太郎・福島脩美共訳）『モデリングの心理学―観察学習の理論と方法―』金子書房　1975 年　pp.20-30

11）下園博信・磯貝浩久「状況判断に関わるトレーニング方法の探求―状況判断に関わる判断時間とスキル水準の検討―」『コーチング学研究』第 27 巻第 1 号　日本コーチング学会　2013 年　pp.45-57

12）Gabbett, T. J., Carius, J., and Mulvey, M. (2008) Does improved decision-making ability reduce the physiological demands of game-based activities in field sport athletes?. *The Journal of Strength & Conditioning Research*, 22(6), 2027-2035.

13）徳永幹雄編『教養としてのスポーツ心理学』大修館書店　2005 年　pp.101-103

14）日本スポーツ心理学会編『スポーツ心理学事典』大修館書店　2008 年　pp.210-213

15）大場渉「メンタルプラクティスが習熟後のパフォーマンスに及ぼす影響」『体育学研究』第 54 巻第 2 号　日本体育・スポーツ・健康学会　2009 年　pp.437-448

16）Leeder, J., Glaister, M., Pizzoferro, K., Dawson, J., and Pedlar, C. (2012) Sleep duration and quality in elite athletes measured using wristwatch actigraphy. *Journal of sports sciences*, 30(6), 541-545.

17）Mah, C. D., Mah, K. E., Kezirian, E. J., and Dement, W. C. (2011) The effects of sleep extension on the athletic performance of collegiate basketball players. *Sleep*, 34(7), 943-950.

18）齊藤訓英・山本利春・笠原政志「昼間の短時間の仮眠が小学生バスケットボール選手の運動パフォーマンスに与える影響」『体力科学』第 70 巻第 3 号　2021 年　pp.219-228

参考文献

・杉原隆『新版　運動指導の心理学―運動学習とモチベーションからの接近―』大修館書店　2008 年

①運動学習におけるスキーマ理論とは、どのような理論であるか説明してみましょう。

....
....
....

②文脈干渉効果について説明してみましょう。

....
....
....

③モデリングの4つの過程について説明してみましょう。

....
....
....

エラー発生のメカニズムを考える

スポーツにおいてプレー中のエラーや失敗は誰しもが経験するものであり、避けることができないものです。ヒューマンエラーの研究では、どのような理由でエラーが発生したのかについて知ることが重要であるといわれています。例えば、不注意によるものなのか、あるいは意識低下によるものなのか、それとも疲労によるものなのか、錯覚や経験不足、慣れによるものなど、さまざまな理由が考えられます。このようにエラー発生の原因を知ることによって、それを防ぐための対策ができるようになります。これはスポーツにおいても同じことがいえるでしょう。

また、ボールゲーム系の競技においては、プレー中のエラーを情報処理モデルに当てはめて時系列で考えることも有効です。シュミット（Schmidt, R. A.)[1] は、入力から出力に至る過程には、情報処理過程が存在すると述べています。この過程は、刺激同定段階、反応選択段階、実行段階の大きく3つの段階に分けて考えられています（図7-3）。刺激同定段階は、外界にある無数の情報の中からプレーに必要な情報の検出を行い、その情報をもとにプレー状況の認知や予測を行う段階です。次の反応選択段階は、刺激同定段階で転送された情報をもとにどのようなプレーを行うのかを選択する段階です。そして、実行段階は、選択されたプログラムに従って実行する段階です。このように、いくつかの下位過程に区別することで、プレー中のエラーがどの段階で生じたのかを明らかにすることができます。

例えば、刺激同定段階でのエラーが発生したのであれば、的確な予測を行うために必要な情報を抽出する場合に、どこに着目すればよいのかを指導者は指導すればよいでしょう。また、反応選択段階でのエラーであれば、プレーに対する正しい選択や判断ができるようにするための戦略や戦術について指導することが求められます。そして、実行段階でのエラーであれば、スキルを身につけるための指導が必要でしょう。以上のように、どのような段階で発生したエラーなのかを明確にすることは、選手のパフォーマンス向上の手がかりになるでしょう。

図 7-3　情報処理過程の概念モデル

出典　田村進・沖原謙・坂手照憲・武田守弘「サッカープレーヤーの情報処理過程に注目したパスミスの研究」『広島体育学研究』第24巻　1998年　p.23

［引用文献］
1）リチャード・A・シュミット（調枝孝治監訳）『運動学習とパフォーマンス―理論から実践へ―』大修館書店　1994年　pp.201-229

大切な試合に向けて心をピーキングする

なぜこの章を学ぶのですか？

　試合前に心理的コンディションを整えることはパフォーマンス発揮に必要不可欠であり、勝敗や記録を左右する大きな要因の一つであるといえます。したがって本章では、アスリートが試合でパフォーマンスを発揮するための心理的側面、心とパフォーマンスの関係や効果的な心理的コンディショニングについて学んでいきます。

第8章の学びのポイントは何ですか？

　本章の具体的な学びのポイントについては、下の二次元コードから動画を視聴してください。そして、そのうえで下記の「考えてみよう」にも取り組んでみてください。

考えてみよう

① あなた自身が考える「理想の心の状態」とはどのような状態ですか。試合前・試合中・試合後に分けて考えてみましょう。

② あなた自身の「実際の心の状態」はどのような状態ですか。これまでに出場した試合を思い出し、試合前・試合中・試合後に分けて考えてみましょう。そして、①と②を比較して理想と実際の違いについて確認してみましょう。

1 ピークパフォーマンスを発揮するための心理的コンディショニング

アスリートが自らのピークパフォーマンスの状態を理解することは、心理的コンディショニングの第一歩である。ピークパフォーマンスの思考や感情を理解することで、自身の最適な心理的コンディションの理解にもつながるといえる。

1 心理的コンディショニングとは

（1）心理的コンディショニングの必要性

　アスリートが最高のパフォーマンスを発揮するためには、心・技・体のすべてを整えて試合に臨むことが求められる。スポーツ心理学では、最高のパフォーマンスを発揮することをピークパフォーマンスと呼んでおり、特に心理的コンディショニングが最終的なパフォーマンスの発揮に強く影響を及ぼすと考えられている[1]。

　レーヤー（Loehr, J. E.）は、競技中の理想的な心理状態をIPS（Ideal Performance State）と呼び、「身体的リラックス」「落ち着き」「不安の解消」「意欲」「楽観的な態度」「楽しさ」「無理のない努力」「自然なプレー」「注意力」「精神集中」「自信」「自己コントロール」という 12 の特徴を挙げている[2]。つまり、適切に心理的コンディションを整えて試合に臨むことがピークパフォーマンスの発揮につながるといえる。では、心理的コンディショニングには、どのような方法が考えられるのだろうか。

（2）ピークパフォーマンスの心の状態

　心理的コンディショニングの第一歩としては、アスリートが試合でピークパフォーマンスを発揮するための理想の状態について理解することから始める。ピークパフォーマンスのときには、「相手の攻撃がすべて読める」「これから起こることが事前に予測できる」「ボールが身体の一部になる」などの心理的・身体的状態を経験することがある。このピークパフォーマンスの状態やそれに至る過程を理解することで、良いパフォーマンスを発揮できたのは偶然ではなく、必然的に導かれていることに気づくのではないだろうか。このような経験は、自身の能力を最大限に発揮したときに生じる感覚であり、必ずしも勝った試合に生じるものではない[3]。

　ガーフィールド（Garfield, C.）は、アスリートへのインタビューなどをもとに、ピークパフォーマンスに共通して見られる特徴を 8 つにまとめて

表 8-1　ピークパフォーマンスの 8 つの特徴

ピークパフォーマンスの特徴	例
1.　精神的リラックス	気分が良い
2.　身体的リラックス	身体が軽い
3.　自信	絶対成功する
4.　今の状態への集中	観客ややじが気にならない
5.　意欲	最後まであきらめない
6.　高度な意識性	起こることがすべて分かった
7.　制御性	思い通りに身体が動いた
8.　安全性（守られているという意識）	自分だけは失敗しない

出典　蓑内豊・竹田唯史・吉田聡美『基礎から学ぶスポーツ心理学　改訂増補版』中西出版　2009 年　p.88 を一部改変

いる（ 表 8-1 ）。アスリートが自らのピークパフォーマンスの状態を理解することは、試合に向けて心身の状態をピークにもっていく（＝コンディショニング）ために有効といえる。

（3）ピークパフォーマンスに向けた心の調整

　ピークパフォーマンスを発揮するための心の調整としては、ピーキングが必要である。ピーキングとは、目標とする試合にパフォーマンスがピークになるようにトレーニングプログラムを工夫することである。徳永幹雄は、サッカー選手（大学生）に対して、試合前の心理状態の調査を行っている[4]。この調査では、レギュラー選手はチーム全体よりも試合前の心理状態の得点[*1] が高いことが明らかにされており、パフォーマンスを発揮するためには試合 1 か月前からの心理的コンディショニングが重要であることが報告されている。つまり、試合に向けてどのように心をピーキングしていくのかを考え、試合当日にピークパフォーマンスを発揮できるようなコンディショニングの立案と実行が必要であるといえる。しかし、競技場面では緊張や不安によって思うようにパフォーマンスを発揮できない状況に陥ることもある。

＊1　試合前の心理状態の得点とは、徳永が開発した「試合前の心理状態診断検査（Diagnostic Inventory of Psychological State Before Competition：以下「DIPS–B.1」）で診断・評価することができる。DIPS–B.1 は、「競技意欲」「リラックス度」「集中度」「作戦思考度」「協調度」の 5 つの観点から 9 つの試合前の心理状態「忍耐度」「闘争心」「勝利意欲」「自己実現意欲」「リラックス度」「集中度」「自信」「作戦思考度」「強調度」について診断・評価することができる（第 9 章 p.149 も参照）。

2　心の状態とパフォーマンスの関係

（1）パフォーマンスと逆 U 字仮説理論

　競技場面で、緊張や不安がパフォーマンスにプラスに働くかマイナスに働くかということを正確に回答することは難しい。一般的には緊張が高すぎても、低すぎてもパフォーマンスが低下すると考えられており、緊張とパフォーマンスの関係を逆 U 字仮説理論で説明することがある（ 図 8-1 ）[5]。図を見

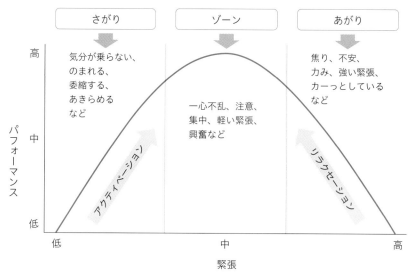

図 8-1　緊張とパフォーマンスの関係

出典　遠藤俊郎『スポーツメンタルトレーニング教本　三訂版』大修館書店　2016年　p.110を一部改変

　て分かるように、緊張とパフォーマンスは逆U字の関係にあり、試合時等のプレー場面において、アスリートの感じる緊張が高すぎても低すぎても良いプレーは発揮できないというものである。

　緊張が低すぎる場合、気分が乗らず、あきらめや萎縮につながる、いわゆる「さがり」の状態に陥る。この場合は、気持ちを活性化するアクティベーションの技術が必要になってくる[*2]。逆に緊張が高すぎる場合、不安や力み、焦りにつながる、いわゆる「あがり」の状態に陥る。この場合はリラクセーションの技術が必要になってくる[*3]。つまり、アスリートには、それぞれ心地よい緊張、軽い興奮、注意の集中といった最適な緊張状態があり、そのようなとき自身の実力が最も発揮できるピークパフォーマンスの状態と考えられる。

（2）自分のゾーンを知る

　先述の通り、心地よい緊張、軽い興奮、注意の集中といった自分にとって最適な緊張状態のときに、良いパフォーマンスが発揮されると考えられているが、最適な緊張状態とはどのような状態だろうか。また、この最適な緊張状態には幅があり、この幅を「至適ゾーン」や「心理的ゾーン」という[6]。さらに、このゾーンは、競技特性や個人特性、試合経験などによって異なることが報告されている[7]。例えば、アーチェリーやゴルフといった、常に安定した環境の中で行われるクローズドスキル競技では、低い緊張状態が良いといわれている。一方、柔道やレスリングといった、時々刻々と変化する不安定な環境の中で行われるオープンスキル競技では、高い緊張状態が良いと

＊2　アクティベーションのねらいは、「心拍数や体温を上げ、覚醒度（緊張度）を高めること」であり、その方法には、①短く速い呼吸を繰り返す、②簡単な身体運動を繰り返す、③身体に刺激を与える、④アップテンポな音楽を聴くなどが挙げられる。

＊3　リラクセーションのねらいは、「心と身体に意識を向け、リラックスしていくことを感じること」であり、その方法には、①吐く息を重視した腹式呼吸、②身体各部に力を入れ、脱力することを繰り返す漸進的筋弛緩法、③重み、温かみなどの感覚を自己暗示によって感じとる自律訓練法、④気持ちを落ち着かせる言葉を自分自身に言い聞かせることなどが挙げられる。

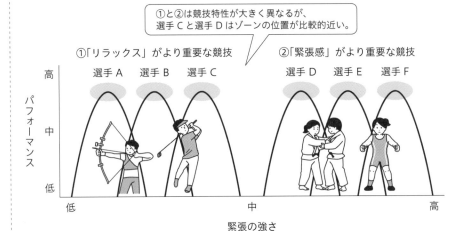

図 8-2 競技特性や個人特性における緊張とパフォーマンスの関係

①と②は競技特性が大きく異なるが、選手Cと選手Dはゾーンの位置が比較的近い。

① 「リラックス」がより重要な競技　② 「緊張感」がより重要な競技

選手A　選手B　選手C　　　　選手D　選手E　選手F

パフォーマンス

高

中

低

低　　　　　　　　　　中　　　　　　　　　　高

緊張の強さ

出典　日本スポーツ心理学会編『スポーツメンタルトレーニング教本　三訂版』大修館書店　2016 年　p.151 を
　　もとに作成

いわれている（**図 8-2**）。このように、ピークパフォーマンスの状態を理解
するためには、逆 U 字仮説理論を用いることが有用であると考えられてき
た。しかし、あくまでも逆 U 字仮説理論は緊張とパフォーマンスの関係の一
例にすぎない。この理論では、本来、生理的反応として扱うべきものを主観
的反応（緊張という個人の感情）に置き換えられており、仮に生理的反応と
主観的反応を同義に捉えたとしても、感情の次元構造に鑑みると緊張という
単一次元だけでは感情の全体像を捉えることができないなど、この図式には
複数の問題があるとの指摘もある[8]。つまり、心理的コンディションは「緊
張」という一軸のベクトルだけでは説明が困難であるため、「集中」「興奮度」
「やる気」などの要因を横軸に用いて、ゾーンのときの心理状態について詳
しく理解しておく必要がある。これまでの試合を振り返りながら、自らがピー
クパフォーマンスを発揮しやすい「独自の心理的ゾーン」を見つけていく作
業を行うことがよいだろう（**図 8-3**）。

　一方で、ゾーンに似た言葉でフローという言葉がある。チクセントミハイ
（Csikszentmihalyi, M.）は、フローについて「全人的に行為に没入してい
るときに人が感じる包括的感覚」と定義している[9]*4。これは、人があるこ
とに集中していると、その活動自体のおもしろさに入り込み、雑念や雑音、
時間の経過さえも忘れてしまうということである。また、フローとピークパ
フォーマンスに関連があることも認められている[10][11]。ピークパフォーマ
ンスを発揮するためにフローの状態を調べることは、試合前にどのような心
理的準備をすればよいのか、試合前や試合中にどのような心理状態になって
いればよいのかなど、自身にとって有用な情報を得ることにつながる。

＊4　調査対象者であ
るロック・クライマー
との面接において、ク
ライマーが山登りを楽
しんでいるときに「ま
る で 流 れ て い る
（flow）ようだった」
と表現していることに
由来している。

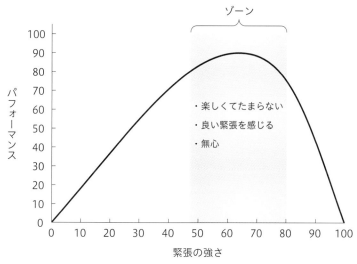

図 8-3　ゾーン分析の例

ゾーン

・楽しくてたまらない
・良い緊張を感じる
・無心

パフォーマンス

緊張の強さ

出典　柴原健太郎・深見将志・平山浩輔・高井秀明「ピークパフォーマンス評価シートの作成
と有用性の検証」『日本体育大学紀要』第 46 巻第 1 号　2016 年　p.68 をもとに作成

2　心理的コンディションを把握する方法

　目に見えない心の状態を把握するためには、その日の気分や調子などを数値に表し、「見える化」することが重要である。その方法には、心理検査を活用したコンディションチェックや身近なものを活用したコンディションチェックなどがある。

1　心理検査を活用して心理的コンディションを把握する

（1）自分の心の特性を知る

　試合に向けて心の状態をピークにもっていくためには、まず、自分の心の特性を知ることが重要である。立谷泰久らは、トップアスリート（それを目指す者も含む）の心理特性を簡便かつ的確に評価することを目的に、JISS競技心理検査（JISS-Psychological Ability Test for Elite Athletes：以下「J-PATEA」）を開発している [12]。J-PATEA は、「トップアスリートになるために、自分には何が必要か」を知ることができ、トップアスリートに求められる心理的な能力や態度・行動について自己評価できる心理検査である。
　J-PATEA では、3 つの観点から 10 の心理的要素を測定することで、心理的課題や長所を多面的・客観的に把握することが可能になる（表 8-2）。

＊5 「心理的スキル」では、試合中に必要とされる心理的スキル（パフォーマンスを発揮するために必要な心理的能力）を評価することができる。「自己理解」では、自己理解に対する姿勢やそれに基づく行動の一貫性を評価することができる。「競技専心性」では、競技に対する姿勢や熱心さを評価することができる。得点が高いほど、それぞれの能力が高く備わっていると解釈される。

表 8-2　J-PATEA を構成する 3 つの観点と 10 の心理的要素、およびその内容[＊5]

3 つの観点	10 の心理的要素	内容
心理的スキル	自己コントロール 集中力 イメージ 自信	過度な不安や緊張のコントロール 現在（今）への集中、集中の回復 質の高いイメージ、リハーサル 試合に対する自信、選手としての自信
自己理解	一貫性 自己分析力 客観性	自分に必要な行動やプレースタイルを貫く姿勢 好調・不調の理由や自分の特徴に関する把握・理解 さまざまな視点からの振り返り
競技専心性	目標設定 モチベーション 生活管理	試合から日々の練習までの具体的な目標設定 日ごろの行動から競技にかける意欲・意識 競技のための生活や健康の管理

出典　立谷泰久・村上貴聡・荒井弘和・宇土昌志・平木貴子『JISS 競技心理検査』大修館書店　2020 年を参考に作成

　また、この心理検査を通して、「自分の優れているところは何か」「自分に足りないものは何か」「自分がこれから伸ばしていきたい心理的要素は何か」ということを理解することができる。心理検査の結果に対して、結果が良い・悪いと一喜一憂するのではなく、どうしてそのような結果になったのかを振り返り、詳細に分析していくことが重要である。これらの振り返り作業が、自分にとって最適な心理的コンディションを把握することにつながる。

（2）心理指標を用いた心理的コンディションのチェック

　これまで、数多くのアスリートに Profile of Mood States（以下「POMS®」）が利用され、心理的コンディションの評価やオーバートレーニングのチェックとして活用されている[＊6]。ここでは、POMS® を利用した心理的コンディションに関する研究を紹介する。

　山本勝昭は、ソウルオリンピックに出場したボクシング選手を対象に、POMS® を利用して心理的コンディションのチェックを行っている[13]。この研究では、入賞した選手とメダルを期待されながらも 1 回戦で敗退した選手の POMS® 得点を比較しており、入賞した選手は 1 回戦で敗退した選手よりも「緊張」「抑うつ」「怒り」の得点が低かったことを報告している。また、村上貴聡らは、アテネオリンピックに出場した選手を対象に、コンディショニングの成功要因・失敗要因に関する調査を行っている[14]。この研究では、コンディショニングに関する 8 つの要因（技術、体力、けがや病気、メンタル、栄養、スケジュールの調整、用具、戦術・戦略）を定め、それぞれのコンディショニングがうまくいったかどうかということについて、5 段階の自己評価を行わせている。そして、金メダル獲得者と 2 位以下の選手を分類し、コンディショニングの自己評価得点を分析したところ、金メダル獲得者は 2 位以下の選手よりも技術、体力、メンタル、栄養、スケジュー

＊6　現在ではPOMS®2（Profile of Mood States 2nd Edition）が開発されている。POMS®2 は、「怒り－敵意」「混乱－当惑」「抑うつ－落込み」「疲労－無気力」「緊張－不安」「活気－活力」「友好」の 7 尺度と総合的気分状態（Total Mood Disturbance：「TMD」）で構成され、一時的な気分や感情の状態を評価することができる（第 9 章 p.150 も参照）。

ルの調整の得点が高かったことを報告している。

　川原貴は、大学陸上競技長距離選手のコンディションのモニタリングに POMS® を利用している[15]。この選手は、30 km レースに出場して疲労が回復しないまま 1 週間後の高所トレーニングに参加したことによって、体重や食欲の低下、血尿といった身体的症状が現れ、POMS® でも活動性が低く、疲労度が高かったことが示されている。その後、休養をとりながら、疲労症状や体重、POMS® の得点の変化をモニタリングしていくことで数週間後には POMS® の活動性が高く、疲労度が低い良い状態で積極的な練習ができるまでに回復したことが報告されている。このように、トレーニングと併用して POMS® を利用することで、トレーニングに伴うコンディションの変化を確認することができ、オーバートレーニングの防止としても POMS® を活用することができる。

2　身近なもので心理的コンディションを把握する

（1）ピークパフォーマンス分析

　ピークパフォーマンス分析では、自分（またはチーム）がピークパフォーマンスを発揮したときの状態を理解するために、クラスタリング技法が用いられている。このクラスタリングでは、大きめの厚紙、大きめの付せん、ペンを用意すると便利である。

　まずは、ピークパフォーマンスを発揮したときの状況を自分（またはチーム）で特定する。ただし、その状況は必ずしも勝った試合とは限らない。そして、そのときの状況をできるだけ詳しく思い出し、1 枚の付せんに 1 つの出来事を記入する（図 8-4）。このとき、何を考えていたかという認知過程だけでなく、動作や感情、試合当日までの練習や日常生活の出来事なども記

図 8-4　ピークパフォーマンスを発揮したときの状態に気づく

ピークパフォーマンスをしたときは……

「周りの音が聞こえないくらい集中していた」
「仲間に正確なパスを出すことが出来ていた」

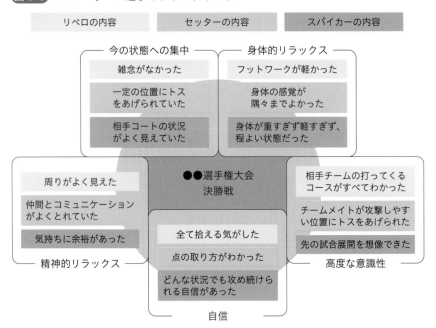

図 8-5 バレーボール選手のクラスタリング

| リベロの内容 | セッターの内容 | スパイカーの内容 |

― 今の状態への集中 ―
雑念がなかった
一定の位置にトスをあげられていた
相手コートの状況がよく見えていた

― 身体的リラックス ―
フットワークが軽かった
身体の感覚が隅々までよかった
身体が重すぎず軽すぎず、程よい状態だった

●●選手権大会決勝戦

周りがよく見えた
仲間とコミュニケーションがよくとれていた
気持ちに余裕があった
精神的リラックス

相手チームの打ってくるコースがすべてわかった
チームメイトが攻撃しやすい位置にトスをあげられた
先の試合展開を想像できた
高度な意識性

全て拾える気がした
点の取り方がわかった
どんな状況でも攻め続けられる自信があった
自信

入する。すべての記入を終えたら、関連のあるものを近くに配置し、グループ分けを行う。最後に、関連しているもの同士を線で結び、グループごとにラベルを付ける。この作業を行うことで、自分（またはチーム）がピークパフォーマンスを発揮したときの状態に何が関係しているのかを理解することにつながるだろう。

　また、オフシーズンにはワーストパフォーマンスを発揮したときの状況についても分析し、ピークパフォーマンスの状態と比較することによって、さらに詳細な分析が可能となる。**図 8-5**は、チームでピークパフォーマンス分析をした場合の例を示している。この例のように、ポジションごとにピークパフォーマンス分析を行い、最終的にチームとしてまとめてみることによって、チームがピークパフォーマンスを発揮したときの要因を分析することができる。

（2）コンディショニングノートの作成

　アスリートは、試合当日に向けて心理的コンディションを身体的コンディションと同等に調整していくことが求められ、日ごろから心身のコンディションを継続的にモニタリングすることが重要である。一日の終わりにその日のコンディションを振り返り、練習日誌などのコンディショニングノートに記入・評価していくことで、調子のよしあしやピークパフォーマンスを発揮する状態への理解につながると考えられる。また、練習の中で感じた気分

を数値や図に表すことで、調子の波や改善点が明確になり、ベストコンディションの把握にも役立つといえる。

　練習日誌やコンディショニングノートの重要なポイントは、「心理面」のほかに「身体面」や「技術面」など、自分にとって重要だと思うチェック項目を選定し、心身のコンディションを振り返ることである。チェック項目としては、身体的コンディション（体調、食欲、疲労、けがの状態）、心理的コンディション（意欲、気分、不安）、技術的コンディション（調子、精度）などが挙げられ、5 段階（例：“1.　とても悪い”～“5.　とても良い”）で評価していくとよいだろう（図 8-6）。

　一方、身体面や技術面に特化した練習日誌を継続してつけているアスリートは、その日誌に気分などを評価する心理面の項目を追加することで、心身のコンディションの把握に役立てることができるだろう。また、コンディショニングノートには、その日の「目標」を記入したり、「目標の達成度」を数値に表したりすることも重要である。心身のコンディションのよしあしには、その日に何を目標としたかで評価が変わってくる。例えば、最後まで追い込むことを目標とした場合、心理的コンディションは高く、身体的コンディションはやや低くなるだろう。また、コンディショニングノートはただ継続してつけるのではなく、ある程度の時期（例：1 週間～ 2 週間に 1 度）にチェック項目の得点を図示するなどして、振り返りを行うことが重要である。その期間の心理的・身体的なコンディションを経時的に観察し、それぞれの項目を関連づけながら自身のコンディションを振り返ることで、心理的コンディ

図 8-6　コンディショニングノートの作成例

ションに対する新たな気づきが生まれる。このようにして、「心」という目に見えないものに自分なりの「ものさし」をつくることができるのである。

3 心理的コンディションを調整する方法

ピークパフォーマンスを発揮するためには、どのタイミングで練習量を減らし、どのタイミングで気持ちを盛り上げていくのかなど、計画的なコンディショニングが求められる。

1 試合に向けての準備

　心理的コンディショニングにはさまざまな方法がある。ただし、どの方法を選択するのかは人それぞれである。自分にとって最適な心理的コンディションを把握することができた後には、試合に向けて心理的コンディションをどのように調整していくのかを具体的に決めていく必要がある。例えば、「試合前に好きな音楽を聴くと集中力が高まる」「シューズを右から履くと落ち着く」など、何らかの行動によって自分の心理的コンディションが良い方向へ変化することが事前に分かっているのであれば、意図的に自分にとって良い心の状態をつくり出すことができるであろう。

　これらは、試合に向けてのルーティン（＝パフォーマンス前に行う一定の動作）とも考えられる。試合開始時刻から逆算し、どのタイミングでどのような行動をとるのか事前にプランを立てておくことで、心理的コンディショ

図 8-7　自分でコントロールできるもの・コントロールできないもの

ンを整えていくことにつながる。また、大事な試合が近づくにつれて、多く
のアスリートは緊張や不安を感じ、心が不安定な状態に陥ることがある。こ
のようなときには、自分自身のゾーン分析やピークパフォーマンス分析の際
に記入した行動や思考を思い出し、「コントロールできるもの」と「コントロー
ルできないもの」に分類するとよいだろう（図 8-7）。そして「今の自分が
コントロールできるもの」に目を向けることで、試合前のやるべきことが明
確になり、心とパフォーマンスの安定につながる可能性がある。

2　試合前・試合中のプランを立てる

　ピーキングの方法を明らかにするために実施した優秀指導者に対する実態
調査[16]によると、試合に向けて「練習量」は 2 週間前、1 週間前にかなり
高く設定し、試合に向けて徐々に減らしていく一方で、「気持ち」は試合に
向けて 2 週間前から徐々に高めていく傾向があることが報告されている。
このように、試合前までのプランには、どのタイミングで練習量を減らし、
どのタイミングで気持ちを盛り上げていくのかが重要なポイントとなる。あ
らかじめ試合までのプランを立てておき、試合に向けて最終調整期に入った
ら、技術面の調整と同時に心理面、身体面の調整を行っていくことが試合当
日のパフォーマンスにつながると考えられる。また、試合当日の流れを確認
しておくことも重要である。その日の起床時刻や試合会場に入る時刻、試合
開始時刻などを把握しておき、1 日のプランを立てることも試合前の準備と
して必要なことである。さらには、試合の展開について、「この状況ではこ
こを攻める」といったポイントを整理したり、集中力が切れやすい場面やト
ラブルが起きたときの対処法を考えたりすることで、心理的・身体的状態が
大きく乱れるのを防ぐことができる。しかしながら、すべてのプランが予定
通りに進むわけではない。状況に応じて戦術・戦略を変更するバックアップ
プランも準備しておくことで、実際にその状況になったときに混乱を防ぐこ
とができる。そして、試合後にはプラン全体を振り返り、課題点や修正点の
整理を行うとよいだろう。

引用文献

1 ）日本スポーツ心理学会編『スポーツメンタルトレーニング教本　改訂増補版』大修館書店　2005 年　p.163

2 ）ジム・レーヤー（小林信也訳）「メンタルタフネス―勝つためのスポーツ科学―」TBS ブリタニカ　1987 年

3 ）蓑内豊・竹田唯史・吉田聡美『基礎から学ぶスポーツ心理学　改訂増補版』中西出版　2009 年　pp.88-89

4 ）徳永幹雄「競技者の心理的コンディショニングに関する研究―試合前の心理状態診断法の開発―」『健康科学』第 20 巻　1998 年　pp.21-30

5 ）杉原隆「『無心！』という究極の集中」宮本貢編『朝日ワンテーママガジン③メンタル・トレーニング読本』朝日新聞社　1993 年　pp.56-65

6 ）日本スポーツ心理学会編『スポーツメンタルトレーニング教本　改訂増補版』大修館書店　2005 年　pp.116-121

7 ）前掲書3）　pp.37-48

8 ）手塚洋介「スポーツパフォーマンスと感情：精神生理学からのアプローチ」『臨床心理学』第 20 巻第 3 号　2020 年　pp.279-282

9 ）Csikszentmihalyi, M. (1975) *Beyond boredom and anxiety: Experiencing flow in work and play.* San Francisco: Jossey-Bass.

10) Jackson, S. A., and Robert, G. C. (1992) Positive Performance States of Athletes: Toward a conceptual understanding of peak performance. *The Sport Psychologist,* 6: 156-171.

11) Jackson, S. A. Thomas, P. R., Marsh, H. W., and Smethurst, C. J. (2001) Relationships between Flow, Self-Concept, Psychological Skills, and Performance. *Journal of Applied Sport Psychology,* 13: 129-153.

12) 立谷泰久・村上貴聡・荒井弘和・宇土昌志・平木貴子「トップアスリートに求められる心理的能力を評価する心理検査の開発」『Journal of High Performance Sport』第 6 巻　2020 年　pp.44-61

13) 山本勝昭「スポーツ選手のメンタルマネジメントに関する研究―ボクシング選手の場合―」『日本体育協会スポーツ科学研究報告　第 4 報』1989 年　pp.41-44

14) 村上貴聡・菅生貴之・柳沢香絵・久木留毅・赤間高雄・和久貴洋「アテネオリンピックにおける日本代表選手のコンディショニングの成功・失敗要因に関する研究」『第 2 回 JISS 国際スポーツ科学会議プログラム抄録集』2004 年　p.80

15) 川原貴「オーバートレーニングとは何か？　その予防と対策は？」『コーチングクリニック』8　ベースボール・マガジン社　1994 年　pp.6-19

16) 石井源信「ピーキングの心理」『体育の科学』第 52 巻第 7 号　体育の科学社　2002 年　pp.508-514

参考文献

・チャールズ・A・ガーフィールド、ハル・ジーナ・ベネット（荒井貞光・車川安雄・松田泰定・柳原英兒訳）『ピークパフォーマンス―ベストを引き出す理論と方法―』ベースボール・マガジン社　1988 年

・蓑内豊・竹田唯史・吉田聡美『基礎から学ぶスポーツ心理学　改訂増補版』中西出版　2009 年

・日本スポーツ心理学会編『スポーツメンタルトレーニング教本　三訂版』大修館書店　2016 年

・JISS 競技心理検査（2020）JISS 競技心理検査（taishukan.co.jp）（2021 年 12 月 4 日閲覧）

・日本スポーツ心理学会編『スポーツメンタルトレーニング教本　三訂版』大修館書店　2016 年

学びの確認 ━━━

①心とパフォーマンスの関係について「逆 U 字仮説理論」を用いて説明してみましょ
　う。

....

....

....

②自身（またはチーム）がピークパフォーマンスを発揮したときのことを思い出し、
　「ピークパフォーマンス分析」をしてみましょう。

....

....

....

③心理的コンディションのチェック項目と評価方法について考えてみましょう。

....

....

....

試合までのカウントダウン

ウルフ・アロン。彼が東京オリンピック柔道男子100キロ級で金メダルを獲得したことは記憶に新しいと思います。「支えてくれた家族や付き人、応援してくれたすべての人に感謝を伝えたい」「最高です」と、試合後のインタビューでウルフ選手はそう語りました。しかし私たちは、そうした言葉の背後に見え隠れするエピソードについてほとんど知りません。このコラムでは、大会期間中に彼が経験したエピソードを紹介し、今一度、試合前のコンディショニングについて考えてみようと思います。

東京オリンピック閉幕後に、筆者はあるテレビ番組を見ていました。画面には、試合直前の会場で一人サウナスーツを着込んで汗を流しているウルフ選手の姿が映し出されていました。計量を終えているはずのウルフ選手が、一体なぜ試合直前に負荷をかけているのか。彼自身が「体重が重い方が試合は強い」と語っていたのに……。筆者には全く理解できませんでしたが、実はウルフ選手は「当日計量」に選ばれていたのです。「当日計量」とは、試合当日にランダムに行われる計量のことであり、選手が試合前日の「前日計量」後に体重を戻しすぎることを防ぐために行われるものです。また、「前日計量」後に5％体重が増加すると失格になるというルールがあります。ウルフ選手は前日計量後に「おにぎりを28個」食べてしまったことによって、規定体重を超える106キロになってしまっていたのでした。そこで、ウルフ選手は当日計量に選ばれる可能性も考えて持参していたサウナスーツを着て減量に取り組んだのです。

筆者が見たウルフ選手の姿はまさにこの瞬間のものだったのです。ところが、「おにぎりを28個」食べたことはウルフ選手の独断によるものではありません。「前日計量」後、ウルフ選手の栄養士が「おにぎり28個分以上食べなさい」「それぐらいの炭水化物をとらないと、あなたは力が出せない」と声をかけていたのです。

試合前のコンディショニングは、試合直前まで続きます。そして、それは試合に出場する選手のみの問題ではなく、選手を支える人々の問題でもあります。試合後のインタビューでウルフ選手が伝えた「支えてくれたすべての人」への感謝は、計量をめぐるエピソードも含まれていたのかもしれません。

競技中の心の状態を把握する

なぜこの章を学ぶのですか？

競技場面では、プレッシャーなどにより、過緊張状態に陥ることで、自己の実力が発揮できないということが多々見られます。

心の状態を適切に把握することは、心の乱れを整え、自己の実力発揮の可能性を高めることにつながるため、本章では、心の状態を適切に把握する方法等について学びます。

第9章の学びのポイントは何ですか？

本章の具体的な学びのポイントについては、下の二次元コードから動画を視聴してください。そして、そのうえで下記の「考えてみよう」にも取り組んでみてください。

考えてみよう

① あなたの競技中の心の状態の変化について振り返り、パフォーマンスにどのような影響を与えたか書き出してみましょう。

② ①から競技中の心の状態を把握するために、どのようなことが分かるとよいか考えてみましょう。

1　競技中の心の状態とパフォーマンス

　競技中の心の状態は、パフォーマンスに影響を及ぼすことが示されており、その関係性については、さまざまな説明がされている。そして、競技中の心の状態については、心理、生理・生化学、行動に関する指標が用いられて検討されている。

1　競技中の心の状態とパフォーマンスについて

　競技スポーツの最終目標は、試合で実力を十分に発揮し、最高の成績を収めることである。しかしながら、重要な試合では実力を十分に発揮できず、期待された成績を収めることができないということが多々見られる。この主たる原因として、心理的要因が指摘されており、中でも情動はパフォーマンスに影響を及ぼす重要な要因とされている。このことから、情動のコントロールは競技者に求められる重要な心理的スキルの一つとして考えられている[1][2][3]。

　情動について、有光興記は「比較的持続時間が短く、強度の強い感情」[4]と定義しており、競技者は日々の練習やトレーニング、また試合前や試合中に不安や緊張、興奮、喜び、悲しみなど広範な情動を経験している。こうした情動は、パフォーマンスに対し、プラスにもマイナスにも作用することがあるが、一般的に、重要な試合や勝敗を決定するような場面では、失敗や敗北を予想することによって生じる失敗不安や、競技に伴うプレッシャーによって喚起される緊張性不安などの競技不安により、パフォーマンスが低下することが報告されている[5]。こうしたプレッシャーによる過度な緊張や不安からパフォーマンスが低下することを「あがり」と呼び（第 8 章も参照）、多くの競技者が試合前や試合中にあがりを経験することから、重要な心理的問題として取り上げられている。

　このように、情動はパフォーマンスに影響を及ぼすことが示されており、その関係性についてはさまざまな理論によって説明されている。

2　競技中の心の状態とパフォーマンスに関わる理論

　情動とパフォーマンスとの関係について説明する理論は、これまでいくつか検討されている。代表的な理論として、古くは①覚醒とパフォーマンスに

は正の直線関係があるとする動因理論[6)] [7)]、近年では②覚醒水準とパフォーマンスとの関係は逆 U 字の曲線関係があるとする逆 U 字仮説理論[8)]、③覚醒とパフォーマンスとの間には覚醒が最適に機能するある幅を持った帯域が存在するという IZOF（最適機能帯）理論（Individualized Zones of Optimal Functioning Model)[9)] [10)]、④不安は単一次元の現象ではなく、少なくとも認知不安と身体不安という 2 つの下部構造からなっており、両者はそれぞれパフォーマンスに対して異なった作用を持つという多次元不安理論[11)]、⑤認知不安と覚醒水準がパフォーマンスに影響を及ぼすとするカタストロフィー（破局）理論[12)] [13)]、⑥覚醒の効果に関する個人的解釈は、快－不快の次元を構成し、これによって同じ水準の覚醒でも全く逆の効果を持つものと解釈されるというリバーサル（逆転）理論[14)] [15)] などが挙げられる。ここでは、第 8 章で学んだ②の逆 U 字仮説理論を除く、5 つの理論の特徴について簡単に紹介する。

　動因理論は、人間の行動を動機づける力（動因）に注目した理論であり、欲求状態が高まるほど、行動の選択や強度が増すというものである。代表的なモデルには、ハル（Hull, C. L.）[16)] が提唱した動因理論がある。この理論は、欲求状態を表す動因状態（Drive state：D）と、行動の習慣を表す習慣強度（Habit strength:H）の積算関数から、パフォーマンス（Performance：P）を予想するものである（$P = D \times H$）。

　IZOF 理論は、ハニン（Hanin, Y. L.）[17)] [18)] により提唱された理論である。ハニンはパフォーマンスと情動との関係に着目し、覚醒水準や情動の強度がある範囲内（ゾーン）にあるときには、良いパフォーマンスを発揮するが、その範囲を外れるとパフォーマンスが低下するということを見いだし、IZOF 理論を提唱するようになった。この理論では、パフォーマンスに影響を及ぼす情動は個人によって異なり、最適な覚醒水準にも個人差があるとされる。

　多次元不安理論は、不安に関する理論の一つであり、不安を認知不安と身体不安の 2 つに分類している。認知不安とは、人々が未知の状況や不確実性に対処する際に感じる心理的な不安のことであり、身体不安とは、身体的な症状や反応に対する恐怖や不安のことを指している。各不安はパフォーマンスに対して異なる作用を示し、認知不安の高まりはパフォーマンスを直線的に低下させ、身体不安はパフォーマンスと逆 U 字型の関係にあるとされている。

　カタストロフィー理論は、トム（Thom, R.）[19)] が提唱した理論であり、ハーディーとパーフィット（Hardy, L., & Parfitt, C. G.）[20)] はこの理論を応用して、覚醒が最適水準を超えて上昇すると、突然大きな行動の崩壊が引き起

こされ、そこから回復することが困難であることを説明している。この現象について、ハーディーとパーフィットは、不安を認知不安と生理的覚醒に分け、それらとパフォーマンスとの関係について 3 次元から検討している（図 9-1）。

　リバーサル理論は、アプター（Apter, M. J.）[21] により提唱された理論である。この理論は、人間の行動や認知、情動、そして動機づけに関する矛盾を説明している。覚醒の高・低水準は、あるときは快と認知され、またあるときには不快と認知される。このとき、それぞれの覚醒を快と感じるか不快と感じるかは個人の解釈に依存する。そして、望ましい覚醒と実際の覚醒の差が最も少ないときに最良のパフォーマンスを発揮することができると考えられている（図 9-2）。また、カー（Kerr, J. H.）[22] はリバーサル理論を応用し、覚醒とストレスは共同して機能するものとして捉え、覚醒とストレスの直交理論を示した。この理論から、同じ覚醒水準であってもストレスの度合いによって感情反応は異なることが示されている（図 9-3）。

　以上のように、情動とパフォーマンスとの関係については、さまざまな理論から検討されている。各理論を用いて、自身の試合でのパフォーマンス発揮における情動の最適状態を知り、試合までの過程において自己の情動に対する気づきや自己理解を深め、情動を適切にコントロールできる心理スキルを身につけることが求められる。

図 9-1　カタストロフィー理論における覚醒とパフォーマンスとの関係

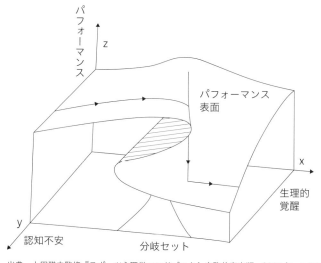

出典　上田雅夫監修『スポーツ心理学ハンドブック』実務教育出版　2000 年　p.204

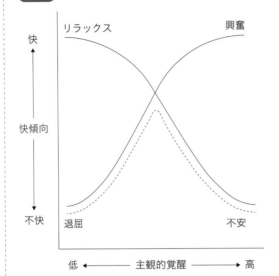

図 9-2 リバーサル理論における覚醒とその影響との関係

出典 図 9-1 に同じ。 p.205

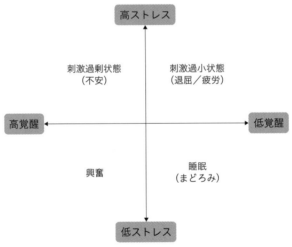

図 9-3 覚醒とストレスの直交理論

出典 図 9-1 に同じ。 p.205

3 競技中の心の状態を把握するために

　試合では、自己の実力発揮を脅かすプレッシャーなどの心理的ストレッサーが存在する。そして、多くの選手がプレッシャーなどの心理的ストレッサーに対して、認知的評価を介して情動反応および生理反応を生起させ、パフォーマンスに影響する行動的なストレス反応が表出される[23][24]。このような競技中に起こる複雑な心理的現象を一過性の心理的ストレスの問題とし

て捉え、感情反応や生理反応として生起する生体内の主要なストレス反応系の活動や行動反応を評価することで、競技における心の状態を把握することが可能となる。こうしたことから、これまで競技中の心の状態については、心理、生理・生化学、行動に関する指標を用いて検討されている。

2 競技中の心の状態を把握する指標

> 競技中の心の状態を把握するために用いられている代表的な指標として、心理、生理・生化学、行動指標がある。各指標の代表的なものとしては、心理指標は心理的競技能力診断検査やJISS 競技心理検査、生理・生化学指標は脳波や心電図、行動指標は競技分析などが挙げられる。

競技中の心の状態の客観的な理解は、選手自身の実力発揮や指導者が効果的な指導を行うためにも重要である。ここでは、競技中の心の状態を把握するために用いられている代表的な心理、生理・生化学、行動指標について紹介する。

1 心理指標

従来、臨床心理学領域で開発された心理検査は、スポーツ領域にもそのまま利用されてきたが、近年ではスポーツ領域に特化した心理検査も多く開発されている。心理検査には、個人内に比較的一貫して認められる心理的特徴である「心理特性」と試合前や試合中の「心理状態」を測定・評価する検査法がある。ここでは、スポーツ領域でよく用いられている心理指標について紹介する。

（1）心理特性
心理的競技能力診断検査（Diagnostic Inventory of Psychological-Competitive Ability for Athletes：DIPCA. 3)[25]

心理的競技能力診断検査は、競技に必要な心理的スキルである「心理的競技能力」を測定・評価する（図9-4）。この検査は、競技意欲（忍耐力、闘争心、自己実現意欲、勝利意欲）、精神の安定・集中（自己コントロール能力、リラックス能力、集中力）、自信（自信、決断力）、作戦能力（予測力、判断力）、協調性（協調性）の5因子（12尺度）52項目で構成されている。自

図 9-4 心理的競技能力診断検査（DIPCA. 3）の評価例

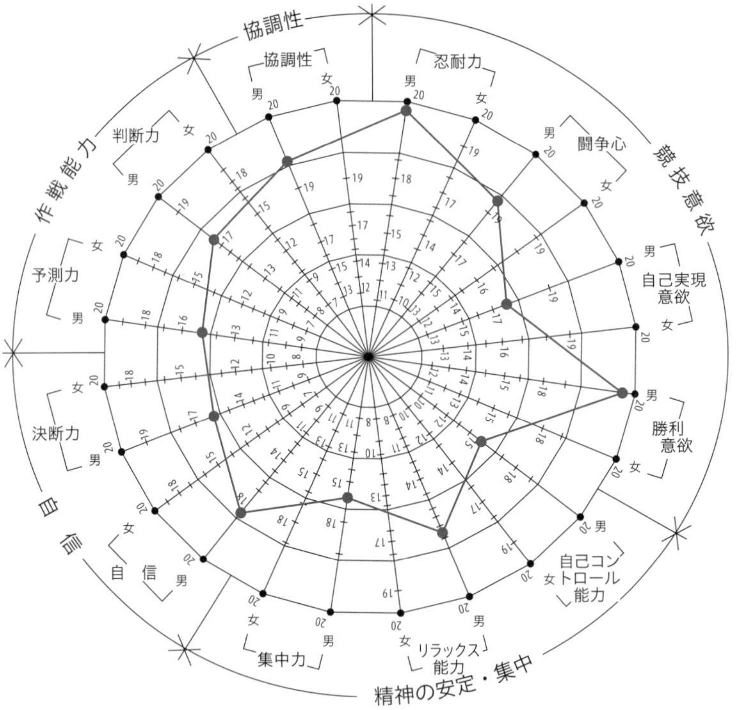

出典　株式会社トーヨーフィジカル社ホームページをもとに作成

己採点・自己評価が可能であるため、心理的スキルの検出やモニタリングを効果的・効率的に行うことができる。

JISS 競技心理検査（JISS-Psychological Ability Test for Elite Athletes：J-PATEA）[26]

JISS 競技心理検査は、トップアスリートに求められる心理的な能力や態度・行動について測定・評価する（図 9-5）。この検査は、第 8 章でも学んだ通り、心理的スキル（自己コントロール、集中、イメージ、自信）、自己理解（一貫性、自己分析力、客観性）、競技専心性（目標設定、モチベーション、生活管理）の 3 因子（10 尺度）40 項目から構成されている。自己採点・自己評価が可能であるため、競技における心理的特徴を効果的・効率的に行うことができる。

特性不安検査（Trait Anxiety Inventory：TAI）[27]

特性不安検査は、STAI（State-Trait Anxiety Inventory：状態 - 特性不安検査）*1 のうちの、比較的一貫して性格の一部として有する不安の程度を測定・評価する。普段の不安の程度を把握することで、競技に対する不安の

＊1　STAI（State-Trait Anxiety Inventory：状態 - 特性不安検査）
STAI とは、不安について測定することができる心理検査である。STAI は、スピルバーガー（Spielberger, C. D.）ら[28]によって開発され、日本では水口公信ら[29]により標準化されている。
STAI では、測定時点での不安の強さを示す「状態不安」と、性格特性としての不安になりやすさを示す「特性不安」を分けて評価することができる。質問項目は、「状態不安」および「特性不安」ともに 20 項目から構成されており、採点は項目ごとに 4 段階（1 − 4 点）で採点し、合計点（最低 20 点 − 最高 80 点）で評価する。なお、合計点が高いほど不安が高いことを意味している。

図 9-5　JISS 競技心理検査（J-PATEA）の評価例

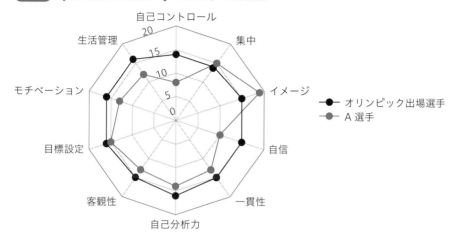

除去や解消のための有効な方法を適用することができる。

（2）心理状態

①競技前の心理状態

試合前の心理状態診断検査（Diagnostic Inventory of Psychological State Before Competition：DIPS–B. 1）[30]

　試合前の心理状態診断検査は、競技前の心理状態について測定・評価する。この検査は、忍耐度、闘争心、自己実現意欲、勝利意欲、リラックス度、集中度、自信、作戦思考度、協調度の9尺度で構成されている。競技における実力発揮に向けた心理的な準備に活用されている（**図 9-6**）。

図 9-6　競技前の心理状態診断検査（DIPS–B. 1）の評価例

気分プロフィール尺度（Profile of Mood States 2nd Edition：POMS®2)[31]

気分プロフィール尺度は、気分状態について測定・評価する。この検査は、怒り－敵意（Anger-Hostility：AH）、混乱－当惑（Confusion-Bewilderment：CB）、抑うつ－落ち込み（Depression-Dejection：DD）、疲労－無気力（Fatigue-Inertia：FI）、緊張－不安（Tension-Anxiety：TA）、活気－活力（Vigor-Activity：VA）、友好（Friendliness：F）の7尺度で構成されている。活気－活力と友好の2つのポジティブ尺度が高得点となり、残りの5つのネガティブ尺度が低得点となる状態が一般的に良好な気分状態であるとされ、選手のコンディションを評価する指標として活用されている（図9-7）。

図 9-7　気分プロフォール尺度（POMS®2）のプロフィール例

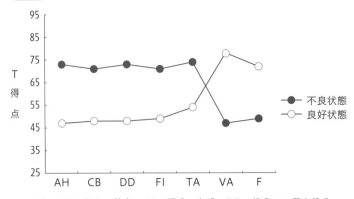

注　AH＝怒り - 敵意、CB＝混乱 - 当惑、DD＝抑うつ - 落ち込み、
　　FI＝疲労 - 無気力、TA＝緊張 - 不安、VA＝活気 - 活力、F＝友好

状態不安検査（State Anxiety Inventory：SAI)[32]

状態不安検査は、STAI状態－特性不安検査のうちの、ある特定場面や状況で体験する不安状態を測定・評価する。この検査は、競技場面における不安状態の程度を把握することや、競技に対する不安の除去や解消のためのトレーニングの効果を評価する指標として活用されている。

②競技中の心理状態

試合中の心理状態診断検査（Diagnostic Inventory of Psychological State During Competition：DIPS-D. 2)[33]

試合中の心理状態診断検査は、望ましい心理状態で試合ができたか診断・評価する。この検査は、忍耐力、闘争心、自己実現意欲、勝利意欲、自己コントロール、リラックス、集中力、自信、作戦能力、協調性の10項目で構

成され、試合後に回答させる。その結果から、試合中に望ましい心理状態で
プレーできたか否かを評価する。競技中の実力発揮に向けた心理的な準備に
活用されている。

競技状態不安検査（Competitive State Anxiety Inventory-2：CSAI-2）[34]

　競技状態不安検査は、試合中の不安状態について診断・評価する。この検
査は、認知的不安、身体的不安、自信の 3 尺度から測定・評価する。試合
中だけでなく、試合前の不安状態も測定できるため、コンディショニングに
も活用されている。

2　生理・生化学指標

　人間の心理活動と生理反応には密接な関係があり、多くの研究で認知状態
や心的負荷と生理指標との関係が明らかにされている。そのため、生理・生
化学指標を計測し分析することで、心理活動を推定する試みが行われている。
生理・生化学指標は、中枢神経系、自律神経系、内分泌系の指標がある。こ
こでは、スポーツ領域でよく用いられている各生理・生化学指標について紹
介する。

①中枢神経系
脳波（Electroencephalography：EEG）

　脳波は、脳の電磁気活動を記録し、脳の活動状態を測定する。脳波は周波
数帯域によって、デルタ波（δ、0.5 ～ 4 Hz）、シータ波（θ、4 ～ 8 Hz）、
アルファ波（α、8 ～ 13 Hz）、ベータ波（β、13 ～ 30 Hz）、ガンマ波（γ、
30 Hz ～）に分けられる。個々の波長は心理状態を大まかに表し、周波数が
低いほどリラックスを表し、高いほど興奮を表す。集中時の指標として Fm
θ 波を用いることもある。近年では、脳波計が小型・軽量化された簡易脳波
計も開発され、競技中の覚醒状態の測定、集中力やリラクセーションのトレー
ニングなどに活用されている（写真 9-1）。

近赤外分光法（Near-Infrared Spectroscopy：NIRS）

　近赤外分光法は、測定対象に近赤外線を照射し、その光が吸収された程度
に基づいて血中のヘモグロビン濃度を測定し、血中の酸素化の状態や脳血流
の変化を評価する。この近赤外分光法を用いて脳の活動状態を測定する。脳
が活動すると酸素とグルコースが必要となるため、脳活動が活発な部位では

写真 9-1　簡易脳波計（例）

写真提供　BrainCo 社
製品名　　脳波デバイス FocusCalm

写真 9-2　NIRS の装着画像（例）

写真提供　株式会社スペクトラテック
製品名　　Spectratech OEG-16H

ヘモグロビンが増加する。近年では、小型・軽量化された機器も開発され、競技中の脳活動状態の測定、イメージトレーニングなどに活用されている（写真 9-2）。

②自律神経系

心電図（Electrocardiogram：ECG）

　心電図は、心臓が働くときに生じる電位変動を測定し、情動や疲労、ストレス状態などを評価する。心電図は P、Q、R、S、T の 5 つの波で構成され、R 波と R 波の間隔（R-R 間隔）から心拍数や心拍変動が求められる（図 9-8）。心拍数や心拍変動は自律神経（交感神経、副交感神経）活動を評価する指標として用いられている。近年では、ウェアラブル端末である心拍計を用いて、競技中の自律神経活動の評価や、リラクセーションのトレーニングなどで活用されている写真 9-3。

152

図 9-8　心電図波形と R 波間隔

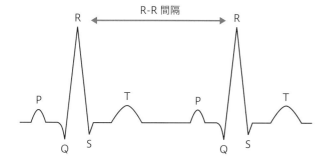

写真 9-3　心拍、心拍変動を用いたトレーニング機器

写真提供　HeartMath 社（©HeartMath 2024）
製品名　　インナーバランスセンサー

皮膚電気活動（Electrodermal Activity：EDA）

　皮膚電気活動は、交感神経による汗線の活動を電気的に測定し、情動状態、認知活動、情報処理過程などを評価する。皮膚電気活動の分類は図 9-9 の通りである。スポーツ領域では、皮膚電気反射（Galvanic Skin Response：GSR）を用いてリラクセーションのトレーニングなどに活用されている。これは、リラックスすると皮膚電気抵抗が高くなり、緊張時にはそれが低くなるという反応を利用している。

筋電図（Electromyogram：EMG）

　筋電図は、筋細胞が収縮するときに起こる活動電位を測定し、ストレスに起因する身体の筋緊張などを評価することができる。筋細胞は、ストレスを受けると緊張度を増すが、通常、気づかないことが多い。筋電図を用いることで、筋の緊張と弛緩の状態に気づくことができるため、筋緊張の自己制御を目的としたトレーニングなどに活用されている。

図 9-9 皮膚電気活動の分類

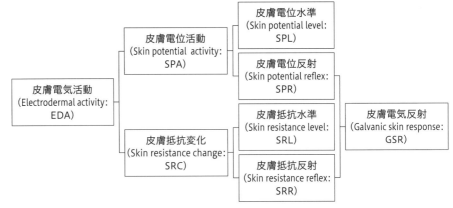

出典　三谷博子「生理 交感神経皮膚反応とその検査法」『Laboratory and Clinical Practice』22（1）　日本臨床検査専門医会　2004 年　p.25

③内分泌系

生化学指標

　生化学指標では、ストレスに対する自律神経系、内分泌系、免疫系への反応を測定・評価する。測定は、血液や唾液、尿などから実施される。各系の

表 9-1 各系の代表的な指標と測定可能な生体試料

	血液	唾液	尿
【自律神経系】			
アドレナリン、ノルアドレナリン	○		○
α－アミラーゼ		○	
クロモグラニンA		○	
MHPG	○	○	○
【内分泌系】			
ACTH	○		
コルチゾール	○	○	○
性ホルモンなど（DHEA、テストステロン、エストラジオール、プロジェステロン）	○	○	
オキシトシン	○	○	
メラトニン	○	○	○
【免疫系】			
免疫細胞数（白血球、リンパ球、顆粒球、単球）	○		
免疫細胞機能（リンパ球幼若化、NK活性	○		
サイトカイン	○	△	
C反応性蛋白	○	○	
分泌型免疫グロブリンA		○	

　MHPG：3-メトキシ-4-ハイドロキシフェニルグリコール
　ACTH：副腎皮質刺激ホルモン
　DHEA：デヒドロエピアンドロステロン
　NK活性：ナチュラル・キラー細胞活性
　○：測定可、△：確立されていないが測定されることもある

出典　井澤修平「第 14 章生化学的指標」堀・尾崎監修、坂田・山田編『生理心理学と精神生理学　第 I 巻　基礎』2017 年　p.257

代表的な指標と測定可能な生体試料は 表 9-1 の通りである。スポーツ領域では、自律神経系ではα－アミラーゼ、内分泌系ではコルチゾール、免疫系では分泌型免疫グロブリン A などが用いられ、ストレス状態の評価やコンディショニングに活用されている。

3　行動指標

競技分析

　競技中のプレーを測定し、パフォーマンスを評価する。パフォーマンスの評価には、競技中の映像、GPS や心拍計のデータなどが用いられている。競技中の映像は、チームや個人のプレー成績をまとめたスタッツやスタッツから戦術や戦略を考案するスカウティングに用いられ、選手の状況判断能力の向上に活用されている。GPS や心拍のデータからは、競技中の運動強度、疾走速度を含めた走行距離などが算出され、パフォーマンス評価やコンディション管理などに活用されている。

　競技場面では、これらのさまざまな指標の中から、それぞれの選手や競技に適した指標が選ばれ、競技中の心の状態の把握に活用されている。

3　競技場面における各指標の活用

　競技場面では、競技力向上を目的に各指標を用いて競技中の心の状態を把握する試みが行われている。各指標は、パフォーマンス向上、心身のコンディショニング、練習や試合における戦術や戦略、パフォーマンス評価などに活用されている。

　競技場面では、選手や指導者が感じたこと（主観）と実際の数値（客観）とは異なることがあり、この主観と客観の「ズレ」は競技力向上に悪影響を及ぼすことがある。そこで、こうした主観と客観のズレを修正するために、前節で述べた各指標を用いて競技中の心の状態を把握し、競技力向上を目指している。第 2 節でも簡単に述べたが、本節では競技場面における各指標の活用例をより詳細に紹介する。

1 パフォーマンス向上への活用

パフォーマンス向上への活用としては、心理的競技能力診断検査（DIPCA. 3）、簡易脳波計、心拍計などの指標が用いられている。心理的競技能力診断検査（DIPCA. 3）は、心理的競技能力とパフォーマンスとの関係についての検討 [35] [36] [37]、心理的競技能力を向上させるメンタルトレーニングや心理サポートのアセスメントツールとして活用されている [38] [39] [40]。また、簡易脳波計や心拍計は、呼吸法などの心理スキルの効果をフィードバックし、パフォーマンス発揮に適した最適な覚醒状態に導くトレーニングとして活用されている [41] [42] [43] [44]。

2 コンディショニングへの活用

コンディショニングへの活用としては、気分プロフィール尺度（POMS®2）、心拍計、唾液中のコルチゾールの濃度などの指標が用いられている。これらの指標を組み合わせて用い、練習時の運動強度と疲労状態の把握や試合に向けた心身のコンディショニング、オーバートレーニングの予防などに活用されている [45] [46] [47] [48] [49]。

3 練習や試合への活用

練習や試合には、競技分析やGPS、心拍計などの指標が用いられている。競技分析としては選手自身や相手選手のパフォーマンスを分析し、練習での対策や試合での戦術・戦略に活用されている [50] [51]。また、GPSや心拍計は、練習や試合時の運動量や運動強度、パフォーマンス評価などに活用されている [52] [53]。

本節では、練習や試合における各指標の活用例についていくつか紹介した。こうした指標の活用については、近年では、スポーツ領域に適した心理検査の開発や機器、情報技術の発達により、より簡便に測定・評価することが可能となっており、今では広く競技場面で活用され、競技力向上に貢献している。しかし、こうした指標を活用する際には、①実施には被検者の十分な理解を得る、②検査結果は被検者自身のものである、③検査でラベリングや選抜を行わない、④検査結果の妥当性と信頼性を高めるために、性質の異なる

複数の検査を組み合わせる（テスト・バッテリーを組む）、⑤検査は複数回実施する、⑥前向きなフィードバックを行う、⑦検査の短所を知っておく、⑧検査についての十分な知識と経験を有すること、⑨被験者の状態や検査を行う場の環境の整備に配慮するなどの留意点がある [54]。各指標を活用する際にはこうした留意点を守り、適切に用いることが必要である。

引用文献

1 ）Hogg, J. M. (1998) Mental preparation: Understanding the power of the emotions in enhancing track and field performance. *New Studies in Athletics*, 13(3), 39-47.

2 ）Jones, M. V. (2003) Controlling emotions in sport. *The Sport Psychologist*, 17(4), 471-486.

3 ）吉田聡美・簑内豊「情動状態とスポーツパフォーマンスの関係―IZOF 理論に基づく情動のコントロール―」『スポーツ心理学研究』第 33 巻第 1 号　日本スポーツ心理学会　2006 年　pp.15-26

4 ）有光興記「質問紙法による感情研究」『感情心理学研究』第 9 巻第 1 号　日本感情心理学会　2002 年　pp.23-30

5 ）西田保「スポーツの動機づけ」日本スポーツ心理学会編『スポーツ心理学事典』大修館書店　2008 年　pp.243-249

6 ）Hull, C. L. (1943) *Principles of behavior: an introduction to behavior theory*. New York: Appleton-Century-Crofts.

7 ）Spence, J. T., and Spence, K. W. (1966) The motivational components of manifest anxiety: Drive and drive stimuli. In C. D. Spielberger (Ed.), *Anxiety and behavior*. New York: Academic Press, 291-326.

8 ）Yerkes, R. M., and Dodson, J. D. (1908) The Relation of Strength of Stimulus to Rapidity of Habit Formation. *Journal of Comparative Neurology and Psychology*, 18(5), 459-482.

9 ）Hanin, Y. L. (1980) A study of anxiety in sports. In W. F. Straub (Ed.), *Sport psychology: An analysis of athlete behavior*, 14(4). Ithaca, NY: Movement, 236-249.

10）Hanin, Y. L. (1986) State trait anxiety research on sports in the USSR. In C.D. Spielberger and R. Diaz-Guerrero (Eds.), *Cross-cultural anxiety*,3. Washington, D.C.: Hemisphere,45-64.

11）Martens, R., Burton, D., Vealey, R. S., Bump, L. A., and Smith, D. E. (1990) Development and validation of the Competitive State Anxiety Inventory-2 (CSAI-2). In Martens, R., Vealey, R. S., and Burton, D. (Eds.), *Competitive anxiety in sport*. Human Kinetics: Champaign, 117-190.

12）Thom, R. (1969) Topological Models in Biology. *Topology*, 8(3), 313-335.

13）Hardy, L., and Parfitt, C. G. (1991) A catastrophe model of anxiety and performance. *British Journal of Psychology*, 82(2), 163-178.

14）Apter, M. J. (1982) *The experience of motivation: The theory of psychological reversals*. London: Academic Press.

15）Kerr, J. H. (1993) An eclectic approach to psychological interventions in sport: Reversal theory. *The Sport Psychologist*, 7(4),400-418.

16）前掲書6）

17）前掲書9）　236-249.

18）前掲書10）　45-64.

19）前掲書12）　313-335.

20）前掲書13）　163-178.

21）前掲書14）

22）前掲書15）　400-418.

23）永井純・髙井和夫・渋谷俊浩「長距離走者の試合前における心理的ストレス」『スポーツコーチング研究』第 1 巻第 2 号　2003 年　pp.1-13

24）田中美吏・関矢寛史「一過性心理的ストレスがゴルフパッティングに及ぼす影響」『スポーツ心理学研究』第 33 巻第 2 号　日本スポーツ心理学会　2006 年　pp.1-18

25) 徳永幹雄「スポーツ選手に対する心理的競技能力の評価尺度の開発とシステム化」『健康科学』第 23 巻　九州大学健康科学センター　2001 年　pp.91-102

26) 立谷泰久・村上貴聡・荒井弘和・宇土昌志・平木貴子「トップアスリートに求められる心理的能力を評価する心理検査の開発」『Journal of High Performance Sport』第 6 巻　日本スポーツ振興センター国立スポーツ科学センター　2020 年　pp.44-61

27) 肥田野直・福原眞知子・岩脇三良・曽我祥子・Charles D. Spielberger『新版 STAI マニュアル State-Trait Anxiety Inventory-Form JYZ』実務教育出版　2006 年

28) Spielberger, C. D., Gorsuch, R. L., Lushene, R., Vagg, P. R., and Jacobs, G. A. (1983) *Manual for the state-trait anxiety inventory*. Consulting Psychologists Press, Palo Alto, 19-55.

29) 水口公信・下仲順子・中里克治『日本版 STAI 状態・特性 不安検査使用手引き』三京房　1991 年　pp4-26

30) 徳永幹雄「競技者の心理的コンディショニングに関する研究―試合前の心理状態診断法の開発―」『健康科学』第 20 巻　九州大学健康科学センター　1998 年　pp.21-30

31) Juvia P. Heuchert, Ph.D. & Douglas M. McNair, Ph.D.（横山和仁監訳、渡邊一久協力）『POMS2 日本語版マニュアル』金子書房　2017 年　pp.22-38

32) 前掲書 27)

33) 徳永幹雄・橋本公雄・磯貝浩久・瀧豊樹「試合中の心理状態の診断法とその有効性」『健康科学』第 21 巻　九州大学健康科学センター　1999 年　pp.41-51

34) Martens, R., Vealey, R. S., Burton, D., Bump, L., and Smith, D. E. (1990) Development and validation of the Competitive Sports Anxiety Inventory 2. In R. Martens, R. S. Vealey, and D. Burton (Eds.), *Competitive anxiety in sport*. Champaign, IL: Human Kinetics, 117-178.

35) 西野明「バレーボールのリーグ戦を通した試合前・中の心理的状態の変容」『千葉大学教育学部研究紀要』第 60 巻　千葉大学教育学部　2012 年　pp.197-201

36) 橋本公雄・徳永幹雄「スポーツ競技におけるパフォーマンスを予測するための分析的枠組みの検討」『健康科学』第 22 巻　九州大学健康科学センター　2000 年　pp.121-128

37) 徳永幹雄「スポーツ選手に対する心理的競技能力の評価尺度の開発とシステム化」『健康科学』第 23 巻　九州大学健康科学センター　2001 年　pp.91-102

38) 高妻容一・石井聡「講習会形式メンタルトレーニングプログラムの効果について（その 4）」『東海大学スポーツ医科学雑誌』第 20 巻　東海大学スポーツ医科学研究所　2008 年　pp.49-59

39) 高妻容一・小林玄樹「ボクシングに対する心理的サポートに関する研究」『東海大学スポーツ医科学雑誌』第 27 巻　東海大学スポーツ医科学研究所　2015 年　pp.71-79

40) 高妻容一・宍戸渉「中学生年代のバスケットボール選手への心理的サポートの影響」『東海大学スポーツ医科学雑誌』第 24 巻　東海大学スポーツ医科学研究所　2012 年　pp.79-86

41) 笹塲育子・上田智章・山森信人・佐久間春夫「多面的指標を用いた競技場面での集中状態からみるメンタルトレーニングの効果」『バイオフィードバック研究』第 43 巻 1 号　日本バイオフィードバック学会　2016 年　pp.3-17

42) 笹塲育子・佐久間春夫「トップアスリートを対象とした心理サポートにおける呼吸法習得時の即時バイオフィードバックの有効性：メンタルトレーニングの効果を双方向から評価する試み」『バイオフィードバック研究』第 41 巻第 1 号　日本バイオフィードバック学会　2014 年　pp.27-36

43) 庄司尚矢・平石広典「簡易脳波センサを利用したルーティーンにおける集中度の解析」『第 79 回全国大会講演論文集』2017 年　pp.153-154

44) 渡部真・宍戸道明「視覚と聴覚のバイオフィードバックにおける集中力向上効果の比較検討」『科学・技術研究』第 5 巻 1 号　科学・技術研究会　2016 年　pp.41-46

45) 飯塚太郎・大岩奈青・舛田圭太「心拍変動モニタリングによる一流スポーツ競技者の疲労評価に関する研究」『デサントスポーツ科学』第 35 巻　石本記念デサントスポーツ科学振興財団　2014 年　pp.53-60

46) 増地克之・小林優希・金丸雄介・小野卓志・秋元啓之・法兼真・小倉大輝・松井崇「大学男子柔道選手の合宿練習時における生理的および精神的コンディション」『講道館柔道科学研究会紀要』第 15 輯　講道館柔道科学研究会　2015 年　pp.103-114

47) 両角速・山下泰裕・寺尾保「箱根駅伝選手における自律神経活動と競技成績に関する実践的研究」『東海大学スポーツ医科学雑誌』第 26 巻　東海大学スポーツ医科学研究所　2014 年　pp.53-58

48) 髙山史徳・米山暁夫・鍋倉賢治「持久性アスリートおよび球技系アスリートにおける起床時の心拍変動を用いたコンディショニング」『スポーツパフォーマンス研究』第 12 巻　日本スポーツパフォーマンス学会　2020 年　pp.703-721

49) 田中美季・花城清紀「チームスポーツにおける心拍変動（HRV）を用いたコンディショニングの試み（その 1）」

『高松大学研究紀要』第 64・65 号合併号　高松大学・高松短期大学　2016 年　pp.273-284

50）森重貴裕・石原雅彦・西中間恵・高橋仁大・清水信行「バスケットボールにおけるゲーム分析サポートの実践事例」『スポーツパフォーマンス研究』第 2 巻　日本スポーツパフォーマンス学会　2010 年　pp.207-219

51）田村達也・堀野博幸「全日本大学サッカー男子選抜チームにおける映像を用いたサポートの実践と検証」『スポーツパフォーマンス研究』第 12 巻　日本スポーツパフォーマンス学会　2020 年　pp.408-424

52）森木吾郎・房野真也・大塚道太・磯部峰一・塩崎浩作・白石智也・鬼塚純玲「ユース年代日本トップレベルのサッカー選手におけるゲーム中の心拍変動に関する事例的研究」『人間健康学研究』第 3 巻　広島文化学園大学人間健康学部　2020 年　pp.119-125

53）中西健一郎・館俊樹・中井真吾「プロサッカークラブにおける GPS データの活用状況に関する事例調査研究」『静岡産業大学論集スポーツと人間』第 4 巻第 1 号　静岡産業大学　2020 年　pp.159-164

54）東山明子「心理検査」日本スポーツ心理学会編『スポーツメンタルトレーニング教本』大修館書店　2002 年　pp.55-59

参 考 文 献

・日本スポーツ心理学会編『スポーツメンタルトレーニング教本』大修館書店　2002 年
・堀忠雄・尾﨑久記監修、坂田省吾・山田冨美雄編『生理心理学と精神生理学　第Ⅰ巻　基礎』北大路書房　2017 年
・山崎勝男監修『スポーツ精神生理学』西村書店　2012 年
・ピーター・オドノヒュー（中川昭監訳、橘肇・長谷川悦示訳）『スポーツパフォーマンス分析入門―基礎となる理論と技法を学ぶ―』大修館書店　2020 年
・徳永幹雄編『教養としてのスポーツ心理学』大修館書店　2005 年

①競技中の心の状態とパフォーマンスに関わる各理論の特徴についてまとめてみましょう。

．．．

．．．

．．．

②競技中の心の状態を把握する指標としては、心理、生理・生化学、行動指標がありますが、各指標から検査方法を2つ程度挙げ、その検査の特徴についてまとめてみましょう。

．．．

．．．

．．．

③あなたが行っている、もしくは行ってきた競技において、本章で学んだ各指標がどのような目的で、どのように用いることができるかについてまとめてみましょう。

．．．

．．．

．．．

柔道競技における競技力向上に向けた取り組み

東京 2020 オリンピックと柔道競技

新型コロナウイルス感染症の影響により、1年延期の末、緊急事態宣言下での開催となった東京 2020 オリンピックは、直前まで開催自体が危ぶまれたものの、選手たちの活躍する姿に、コロナ禍を乗り越える勇気と希望を与えられた大会となりました。

本大会におけるわが国のメダル獲得数は、金メダル 27 個、銀メダル 14 個、銅メダル 17 個、計 58 個と過去最多の成果を挙げました。特に、柔道競技においては、金メダル 9 個、銀メダル 2 個、銅メダル 1 個、計 12 個とこちらも過去最多の結果となりました。このような結果となったのも、選手が自身の実力を十分に発揮できたことに加え、その実力発揮を支える医科学サポートの存在があります。ここでは、著者も携わっている柔道競技の競技力向上に向けた取り組みについて紹介したいと思います。

柔道競技における競技分析

柔道競技の強化委員会の中に、科学研究部という組織があります。科学研究部は柔道競技のさまざまな情報を収集・分析し、強化のサポートを行う組織として構成されています。活動は多岐にわたりますが、主に競技分析として、国際大会の撮影、分析作業、フィードバック作業を行っています。このような競技分析には、D2I-JUDO（通称 GOJIRA：Gold Judo Ippon Revolution Accordance）という柔道競技に特化したシステムを用いて行っており、過去 10 万件以上の試合映像から相手の技や癖、審判の罰則傾向などを徹底的に分析し、そのデータを競技力向上のために活用しています。

柔道競技における東京 2020 オリンピックでの競技分析の活用

競技分析は東京 2020 オリンピックにおいても活用されました。例えば、60kg 級金メダリストの高藤直寿選手の場合、直近の世界選手権 2大会における技の得点分析から、海外選手は低い姿勢になると「隅落」を仕掛けてくることが示されました。このデータから、事前に対策を練るなど、戦術の組み立てに活用されました。また、73kg 級金メダリストの大野将平選手の場合、審判の分析から、2019 年以降に行われた男女全階級 1 万 3,000 試合分のデータとオリンピック 2 日目までを比較すると、審判の罰則数が 15% 程減少していることが示されました。このデータから、大野選手は罰則が重なっても焦ることなく戦うことができたとのことで、試合での実力発揮の一助となったことがうかがえます。

このように、柔道競技では競技分析を用いて競技力向上の取り組みが行われています。しかし、ここで取り上げた医科学サポートはほんの一例にすぎず、ほかにも多くのサポートが行われています。そして、このような医科学サポートは国際競技力を向上させるためにも常に進化が求められており、続く 2024 年のパリオリンピックでもその取り組みが非常に重要なものになることでしょう。

写真　柔道競技における競技分析

アスリートのキャリアを考える

なぜこの章を学ぶのですか？

　人がアスリートとして過ごす期間は長い人生（キャリア）の一部ですが、その期間はキャリアにおける成人期以降を支える重要な基盤となります。そこで本章ではアスリートのキャリア発達について学んでいきます。

第10章の学びのポイントは何ですか？

　本章の具体的な学びのポイントについては、下の二次元コードから動画を視聴してください。そして、そのうえで下記の「考えてみよう」にも取り組んでみてください。

＼＼ 考えてみよう ／／

① キャリアという言葉の定義に加えて、キャリアが発達するとはどのようなことを意味するのか考えてみましょう。

② アスリートのキャリア発達は、一般的な人のキャリア発達と何が違うのでしょうか。そして、その違いはアスリートにおける、人としてのキャリア発達にどのような影響を及ぼすのか考えてみましょう。

1 キャリアと発達

> キャリアとは、人の人生そのものを示すものであり、キャリアの発達とは一人の人間が複合的な役割を「生き」、各役割を「生き抜く」中で認識や表現が豊かになっていく過程である。

1 体験と人生

　あるとき筆者がラジオを聴いていると、東日本大震災のボランティアに従事したリスナーが被災者と交わした印象的な会話の内容について紹介された。それは、現地でボランティア活動に当たっていたリスナーが被災者の方へ「震災からもう 1 年ですね」と話しかけたところ、被災者の方から「私たちは 1 年とは数えません。被災してから何日と数えます」と回答されたというものであった。ラジオのパーソナリティからは「被災された方々の中では 1 年というくくりではなく、1 日 1 日が大変重く、その積み重ねが今なのですね」という言葉が向けられた。この被災者の方の時間経過の表現は、まさにその人固有の歩みを表したものである。一般的に 1 年は 1 月 1 日に始まり 12 月 31 日に終わる。学校や多くの一般企業に代表される日本の組織は、4 月 1 日に始まり 3 月 31 日に終わる。これらは社会の一つの物差しであるが、ここで紹介した被災者の方の時間の経過は、個人的な体験が物差しとなった時間経過といえる。つまり、人間の歩みは単に現実的な時間としてだけでなく、各個人が時間経過の中で経験する事柄に意味づけがなされた「体験」から測ることもできるのである。「体験」とは「自身が身をもって経験すること」[1] である。同じ時間に同じ経験をしたとしても、各人がそれをどのように体験したかという個人的な意味が存在するのであるから、客観的・社会的な役割からだけではその人の人生をうかがい知ることはできないのである。

　本章のテーマは、アスリートの人生（キャリア）について学ぶことである。アスリートが過ごす競技中心の生活は、同年代の一般的な人が過ごす生活とは大きく異なることが考えられる。しかし、その環境的・状況的な特殊性のみに着目するのではなく、アスリートがどのように競技生活を体験することが人生にとって価値あるものになるのかについても、本章では考えていきたい。

2 キャリアとキャリアの発達

　文部科学省は新しい学習指導要領において、「生きる力 学びの、その先へ」と題して学校での学びが子どもの将来に生きることを目指している。キャリアとは、人の人生そのものを示すものであるため、新しい学習指導要領では長いキャリアを見据えた学びを目指しているといえる。さらに、キャリアの発達とは、一人の人間が複合的な役割を「生き」、各役割を「生き抜く」中で、認識や表現が豊かになっていく過程であるといえる。

　また、文部科学省では、キャリア教育を推進する中で、キャリアの定義を「人が、生涯の中で様々な役割を果たす過程で、自らの役割の価値や自分と役割との関係を見いだしていく連なりや積み重ねが、『キャリア』の意味するところである」[2] としている。さらに、そのキャリアの発達については「自分に期待される複数の役割を統合して自分らしい生き方を展望し実現していく」[3] ことと定義している。文部科学省は、具体例として、

　　　15歳の時点での役割は「子ども」と「学生」と「余暇人」です（それ以外の役割もあり得ます）が、重要なのは、その「子ども」、「学生」、「余暇人」の内容です。「子ども」として期待される役割の内容、「学生」として期待される内容、「余暇人」としての遊びや趣味の活動、それらにいかに取り組んできたのか。それを通して自分らしさがいかに認識され、それに基づいて将来の役割（進路）をいかに選択し、取り組んでいこうとするのかが、この時点でのキャリア発達の姿です。[4]

と説明している。

　このような、人が人生の各段階においてさまざまな役割を果たし、その達成過程を通じて認識を広げていくことについて体系化して説明したのが、スーパー（Super, D. E.）である。スーパーは人間の発達について「ライフ・キャリア・レインボー」を提唱している。具体的には、虹の形態に見られる7色が並んで半円を描く様子を人の生涯に例え、一つ一つの色を役割として、生涯を通じてさまざまな役割を重複して生きていく様子を表現している。「ライフ・キャリア・レインボー」では、主に「子ども」「家庭人」「学生」「余暇人」「市民」「職業人」の6つの役割が設定されており、役割ごとに異なったタイミングで発達するといわれている。また、キャリア発達に影響を与える要因には、状況的要因（間接的－直接的）として社会構造や社会の状況、歴史的変化、学校制度、家族を、個人的要因として興味や欲求、生物学的な

遺伝などを挙げている。この 2 つの要因が各役割に影響を与えながら、役割が分化と結合を繰り返していく過程全体がキャリアなのである。

　エリクソン（Erikson, E. H.）は、人間の成長を心理的発達と社会的発達の両方の観点から説明し、その生涯における発達過程をライフサイクル（生涯発達）と定義している。また、馬場禮子もエリクソンの漸進的発達図表を用いて、「各人は環境的・生物学的に自分に与えられた条件に対処しながら、同時に成長に伴って次々に展開する課題にも対処していく」[5] と説明している。ここで特徴的なのは、社会との関係や個人の精神的・心理的発達だけでなく、生物学的な発育も関連づけて説明している点である。さらには、課題達成の過程についても言及しており、さまざまな課題に対処すること自体は「困難」であるといえるが、それは同時に創意工夫の機会であり、その過程が個性を見いだすとしている。反対に、課題に向き合わず、困難が生じないままやり過ごしてしまうことや創意工夫がなされず困難が解決しないままであると発達は遂げられず、課題が先送りされるのである。こうしたことを背景に、エリクソンは発達課題のことを心理的社会的危機と呼んでいる。

　以上の内容から、キャリアとは、その人の人生の全体を示すものであり、心理的側面や身体的側面、社会的側面などの一側面を表すものでも、人生における特定の時期を示すものでもない。さらに、キャリア発達とは、一人の人間が複合的な役割を生き、そしてその中で認識や表現が豊かに広がり、その人らしい人生の選択ができるようになっていく過程である。

2 アスリートのキャリア発達

　アスリートにおけるキャリア発達は、一般的な人のキャリア発達と異なる様相を呈すると考えられている。しかし、それは順序や中身に違いがあるのではなく、キャリア発達の手がかりとなる事柄や発達させるための取り組みや体験に違いが見られるということである。

　本節では、主に少年期から思春期までと、青年期から成人期までのキャリア発達（勤勉性とアイデンティティ形成）を題材に、アスリートのキャリア発達の特異性について説明する。

1 アスリートにおけるキャリア発達

(1) ライフスパンモデル

　ワイルマン（Wylleman, P.）らは、アスリートが競技を開始し、育成段階から徐々に競技に専心してアスリートとして成熟し、最終的に競技引退に至る段階までに着目している[6]。そして、アスリートとしての発達（「パフォーマンス育成」）と並行して進むほかの課題・役割を示している（以下「ライフスパンモデル」）（図10-1）。ライフスパンモデルは、精神発達では幼少期から成人期まで、心理社会的発達では子どもとして親（養育者）に養われている段階から、自らが家族を持つ時期までの発達段階に相当する。社会的な役割としては、小学生から大学生までの学生としての役割から、社会人としての役割に移行する段階までに相当する。

　並行して発達課題や異なる役割に取り組むことは、多くの人に共通するキャリア発達である。アスリートにおいて特徴的なのは、その比重といえる。アスリートは競技生活へ割く時間やエネルギーが多く、発達課題やほかの役割が一般的な人の発達のペースを伴わない場合が見られるのである[7]。あるいは、表面上経験されてはいるが、体験としては伴っていないうちに年齢を重ね、達成されないまま残される発達課題や役割があるともいえる。

　一般的には、思春期・青年期から成人期にかけては第二の誕生といわれるほど、それまでの自分とは違う新たな自分の確立が目指される重要な時期で

図 10-1　ライフスパンモデル

年齢	10	15	20	25	30	35
パフォーマンス育成	開始／導入期	育成期	成熟期（エリート）			引退期
精神発達	幼少期	思春期〜青年期	成人期			
心理社会的発達	両親／兄弟／友人／コーチ	友人／コーチ／両親	配偶者／コーチ・サポートスタッフ／チームメイト－学友			家族／仲間（コーチ）
学力向上職業開発	小学校	中学校〜高校	専門教育・研修		専門教育・研修	
			高等教育			
財政基盤	家族	家族／競技団体	競技団体／国内オリンピック委員会／政府／スポンサー		家族／会社	

出典　日本スポーツ振興センター「『デュアルキャリアに関する調査研究』報告書」2014 年　p.23 を一部改変

ある。特に青年期前期にあたる思春期では、二次性徴に伴う急激な身体的成熟とその受容や抽象的な思考（認知的発達）ができるようになることが望まれる。さらに、身体的な変化は性への興味へつながり、親（養育者）との間に心理的な距離が生じることにもつながる。親離れと固体化した自我の芽生えである。このような変化は自意識を高めることにつながる大切な発達過程といえる[8]。学力向上・職業発達という側面でも、義務教育から高等教育・就職へと進む時期に相当する。特に日本社会における高等教育への進学は、学力が評価基準となるところが大きい。そのため、多くの中学生は 2 年生から 3 年生にかけて受験勉強に多くの時間を費やし、社会的な役割の変化へ向かう重要な課題として進路選択を迎える。

　こうした中で、パフォーマンス育成における育成期から成熟期の初期は、精神発達のみならず、学力向上・職業選択においても大きな課題に取り組む時期であり、その後のキャリアの土台となる重要な発達課題と役割を重複して達成しなくてはならない困難な時期に相当する。多くの場合、このような重要なキャリアが重複する時期をデュアルキャリアと呼ぶ。しかし、一部のアスリートでは、その将来性が見込まれてスポーツ推薦によって進学先が決まるなど、進路が学業としての選択ではなく、アスリートとしての競技生活上の選択となる場合がある。さらに、二次性徴による身体的な変化はトレーニングによる身体的変化と取り違えられ、身体能力の急激な向上によって競技力が向上し、戸惑いなくむしろ積極的な発達と捉えられて進むことも少なくない。つまり、困難が伴わないのである。親（養育者）との分離についても、親（養育者）が指導者である場合には、分離されることなく指導者と選手という関係として継続的につながりが保たれることや、親（養育者）の代わりとなるほど親身に身の回りの世話を焼く指導者との関係の中で、親子関係と同様のつながりが保たれることもある。これらはアスリートとしてのアイデンティティは支えられることになるが、固体化し自立したアイデンティティの確立を目指すうえでは妨げとなる。

（2）アスリートにおけるキャリア発達の難しさ

　鈴木壯は、アスリート心性の特徴の一つとして、受身性・幼児性を挙げている[9]。一部のアスリートでは、幼少期から親（養育者）や指導者が競技のみに専念できる環境を整えてくれることで、早い年齢から高いパフォーマンスに到達する場合が見受けられる。この時期のアスリートは、競技力を向上させるための方法を自分自身で試行錯誤したり、評価したりする能力には乏しく、多くの場合で親（養育者）や指導者が方向づけた通りに競技を行うことになる。それでも、身体能力に優れ、練習やトレーニングに費やす時間が

十分に担保されていれば、ある程度の競技成績までは向上するのである。このような受身的な状況は、競技パフォーマンスの向上には積極的に働くものの、精神発達としては、幼児的なまま発達が滞るといった難しさにつながるのである。

　山中康裕は、少年期（幼少期から思春期まで）について、フロイト（Freud, A.）やサリヴァン（Sullivan, H. S.）、エリクソンの発達論を踏襲しながら「方法を学ぶ時期」であると説明している[10]。思春期以降は、それまで親（養育者）の視点から世界を見ていたところから、同年代の友人（サリヴァンの説明するチャム）との関わりなどを通じて、自分なりのものの見方や考え方を形成していく段階に移っていく。しかし、その前段階としての少年期は、ものの見方や考え方を他者や社会からどのように学ぶべきなのか、他者や社会とどのように関わることが自分にとって適切であるのかといった「実際的な技能を獲得することと、社会に適応する」[11] 段階であるとしている。この自分なりの方法（勤勉性）が確立されていなければ、思春期から青年期に至る際に「劣等感」を抱くようになる[12] のである。

　本来、学生や余暇人も含めた多くの役割を担う中で困難が生じ、さまざまな役割から困難事象に対応することで勤勉性を身につけることになる。そして、「自信を持ち、自己の能力の範囲に確信が生まれ『自分はできるんだ』『こんなふうにならやれるかな？』と自分に安心する」[13] ことで、自分なりのものの見方や考え方を形成する思春期以降の発達課題へと移行していくのである。しかし、一部のアスリートでは、親（養育者）や指導者による過度な関わりにより競技力の向上は果たすものの、それと引き換えに勤勉性の発達が著しく妨げられることになるのである。

　さらに、競技においても、ある一定の競技レベルに達すると自分自身の意思や判断で競技を遂行することが求められる段階がおとずれる。パフォーマンス育成段階における開始／導入期や育成期の環境のまま受身的に親（養育者）や指導者といった周囲の大人に従うだけの形で競技をしているアスリートにとっては、主体的に考え競技をすることや個性を生かして競技をすることに困難が生じることになる。つまり、パフォーマンス育成に比重の偏ったキャリアを歩むことになるアスリートにとっては、精神発達や心理社会的発達に遅れが生じ、結果的に競技パフォーマンスにも問題が生じるのである。

　鈴木は、このようなアスリートにおける日常生活での困難さにも言及しており、「成人に至っても計画的にお金を使えず散財してしまうことや、一人で簡単な買い物もできないような幼児的なアスリートも存在する」[14] ことを紹介している。しかし一方で、親（養育者）や指導者の言うことを信頼し、つらい練習やトレーニングもとにかく歯を食いしばって行うことや、先の目

標や結果を考えずに、そのときやるべきトレーニングに専心できるという側面は、幼児的でありながらも競技力向上に対して積極的な効果をもたらす。このような二律背反的な状況がアスリートにおけるキャリア発達の難しさなのである。

（3）アスリートにおける発達の特異性

江田香織らは、思春期のアスリートに特化し、発達に関わる心理的・社会的特徴を 4 つの側面から説明している。

①思春期らしい身体的変化に気づきにくい

思春期は、一般的に二次性徴による身体的な変化がきっかけとなって混乱が生じることから始まる。しかし、この時期のアスリートは、日々練習や体力トレーニングを実施しているため、男子であれば二次性徴による身体的変化とトレーニングによる身体的変化の分別が難しくなる。自身にとって、主体的な努力を伴わずに起こる二次性徴の変化は認識しづらく、身体的な負荷があり、実感が持ちやすい練習やトレーニングによる身体的変化だとする方が認識しやすいのである。また、女性においては、練習やトレーニングは男性的な身体的変化を助長するものであり、混乱のきっかけとなる女性特有の身体的変化を実感することを難しくするのである。このように、本来、思春期発達は二次性徴による身体的変化を手がかりとして始まるが、アスリートにとっては、それが手がかりとして認識されにくいのである。

思春期世代において、非行などの問題行動や神経症や心身症などの症状に陥りやすい人の傾向として、この時期の身体的変化に無関心であることが示されている[15]。江田らは私見が含まれる見解であるとしながらも、「アスリートは身体的変化に無関心であるわけではないが、競技に没頭するあまり身体的変化を競技での成果と取り違え不安や混乱に陥らずに過ごしている」[16]という特徴を指摘している。

②当たり前にできる力の喪失

思春期のアスリートは、二次性徴による身体的変化には混乱をきたさないが、それまでの競技生活の中で当たり前にできてきた動作や動き、技などに疑いを持つことや、再現できなくなるという身体症状を呈して混乱が生じることがある。江田らは、今後さらなる検討が必要であるとしながらも、二次性徴による身体的変化が体験的に感じられないことの代行として生じる事象である可能性を指摘している[17]。つまり、二次性徴による混乱は生じないものの、プレーにおける動作の不具合といった身体の体験や感覚が自己を振

り返るきっかけとなり、今までの自分との違いを感じる体験となるのである。

③支えとなる存在の不足

競技生活の中では、近しい他者が競技上のライバルであったり、競技を通じた勝利至上主義的な仲間関係であったりすることが多い。そのため、気兼ねなく、余暇やプライベートを共にするような関係を築くことが難しい場合も見られる。このような状況では、思春期課題を達成するための支えとなる存在が不足するため、自分づくりがうまくいかない場合が見受けられる。一方で、このような問題が表面化しないことにも同様の背景が作用している。つまり、自分らしい個性を磨く時間が与えられなくても、所属する集団の規則に従って毎日与えられた練習・トレーニング・生活様式をこなしていればそこにいることが許されることから、支えが必要となるほど困難が生じないのである。

④競技への過剰適応

思春期初期で最も強く作用する感覚に共感性がある。そのため、この時期のアスリートは、集団として持っている勝利至上主義的な感性に共感性を抱きやすくなる。さらに、アスリート自身だけでなく「周囲の大人の期待もアスリートの競技成績にばかり向き、アスリートにとっては内的にも外的にも勝利を要求する」[18] ことになる。これらのことから、競技に過剰に適応するようになるのである。

①～④で挙げた通り、アスリートがアスリートとしての役割へ傾倒することは、心理的にも社会的にも大きな影響を及ぼすことになる。このような影響は思春期にだけ作用するものではない。このようにアスリートとしての役割に偏りのある発達によって形成されたアイデンティティについて、中込四郎は、アイデンティティの大半を競技に求める（Sport only identification）を提唱した[19]。

2 アスリート独自のキャリア発達

「アイデンティティの大半を競技に求める」は、必ずしも消極的な意味でのみ作用するものではない。ここでは、アスリートという役割に傾倒する中で育まれるキャリア発達について説明する。

江田らは、心理相談に訪れた思春期のアスリートの発達の独自性について、

①身体に関わる自己感覚の否定（自己否定）、②関係性に支えられた試行錯誤体験（試行錯誤）、③新たな自分なりの感覚の芽生えと確認（自己の芽生え）という 3 つの側面から説明している。ここでは、その独自性について順序立てて説明する[20]。

　まず、アスリートは、二次性徴による身体的変化や親（養育者）との分離によって自己を否定することが難しいことから、それまでの自分を定位してきたアスリートとしての自分を否定することから発達に向かうのである。アスリートが競技の中で最も重要視してきたのは身体である。自己の表現も評価も身体を通じて行われてきていることから、自己の否定についても身体を通じて行われるのである。それまで何も考えずにできていた動作が失調することや、過呼吸やけがなどといった身体症状を呈することによって、これまでのように競技することができなくなり、アスリートとして築いてきた自己が否定されることになる（①自己否定）。

　自己否定は、競技遂行上は困難な事象となる。競技力向上だけでなく、キャリア発達にもエネルギーが注がれるアスリートは、支えとなる同年代の他者を形成しづらいため、その代行として心理相談や競技成績だけでなく、生涯発達を見据えて関わることができる指導者との関係を通じて困難に対処（②試行錯誤）するのである。試行錯誤には失敗と成功を繰り返すことが必要となり、それまでのスムーズな競技力向上の過程とは異なる経験を余儀なくされるが、これらの関係に支えられれば、新たな自己の獲得へ向けた力が養われるのである（②試行錯誤）。

　このような自己否定から試行錯誤によって獲得された自分なりの自己感覚は、競技の中でパフォーマンスを安定させるだけでなく、内的には自分自身に確かな実感をもたらすことになる。このような実感が次の課題へと歩みを進める自信となることは言うまでもないだろう（③自己の芽生え）。

　中込は、青年期後期の発達課題である自我同一性において、アスリートには、過去のスポーツでの困難事象への対処が予備的経験となることを示している[21]。スポーツ場面で生じたけがや動作失調などの困難事象を解決していく過程で、積極的な対処行動を起こし、自身のことを振り返る体験を積むことによって、自我同一性の課題を積極的に解決していく力が身につくのである。ここで示された積極的行動とは、単に困難（危機）を多く経験することではない。中込は積極的行動を「危機解決の過程で、危機事象（対象）との積極的相互交渉が認められたり、危機を契機として発達主体者が自己洞察を深めること」として、「相互性」と定義している[22]。そして、相互性の高いアスリートの方が自我同一性の達成度が高く、自我機能においても優れていることを明らかにしている。

アスリートが競技生活の中で困難に遭遇した際に、その取り組み方によってはキャリア発達につながることが示された研究はほかにもある。タミネン（Tamminen, K. A.）らは、困難な事象に遭遇したときに、その困難が生じた個人的な意味を自らが気づき、意味づけることによって、人間的な成長が見られることを示している[23]。つまり、競技で遭遇した困難に対して相互性を経験したならば自我機能の発達、そして柔軟性に富んだ危機への対処様式を獲得することにつながるのである[24]。アスリートもいつかは引退し、キャリアの主たる軸がアスリートではなくなるときが来る。一般的には、このようなキャリアの転換をキャリアトランジションと呼ぶが、キャリアトランジション後のキャリアにおいて対処様式が積極的な効果をもたらすのである。

　以上のように、アスリートがアスリートである期間は、一般的な人のキャリア発達のように、発達課題や複数の役割を並行して達成していくような発達過程を伴わないこともある。アスリートのキャリア教育では、アスリートとしての役割に傾倒する中でも、アスリートとしての困難事象へ積極的に取り組むことで、キャリア発達を遂げる可能性は十分にあることを認識すること、そして、その際に身体性を活用し、相互性のある取り組みにすることが重要となるだろう。

　一つ一つの発達論は、それぞれで人間の成長のすべてを説明しうるものではない。「アイデンティティの大半を競技に求める」は、いくつかの発達論から見れば否定されるような発達過程であるともいえる。しかし、そのアスリートにとっては最も取り組みやすいやり方なのかもしれない。アスリートにおけるキャリア発達の知見が人間の多様なキャリアを認める糧となることを望む。

引用文献

1 ）新村出編『広辞苑　第 4 版』岩波書店　1991 年　p.1539
2 ）文部科学省中央教育審議会「今後の学校におけるキャリア教育・職業教育の在り方について（答申）」2011
　　年　p.17
3 ）文部科学省「高等学校キャリア教育手引」2011 年　p.35
4 ）前掲書 3）p.35
5 ）馬場禮子・永井撤編『ライフサイクルの臨床心理学』培風館　1997 年　p.2
6 ）Wylleman, P., De Knop, P., and Reints, A. (2011) Transitions in competitive sports.in N. L. Holt
　　and M. Talbot (Eds.), *Lifelong Engagement in sport and Physical Activity: Participation and
　　Performance across the Lifespan*. Routledge, 63-76.
7 ）秋葉茂季「アスリートのキャリアをサポートする（特集　アスリートにおけるキャリア形成）」『体育の科学』
　　第 68 巻第 12 号　杏林書院　2018 年　pp.868-873
8 ）前掲書 5）　p.2
9 ）鈴木壯『スポーツと心理臨床―アスリートのこころとからだ―』創元社　2014 年　p.18
10）山中康裕『少年期の心―精神療法を通してみた影―』中央公論新社　1978 年　p.211
11）前掲書 10）　p.211
12）前掲書 10）　p.211
13）前掲書 5）　p.2
14）前掲書 9）　p.18
15）江田香織・関口邦子・秋葉茂季「来談する思春期トップアスリートの心理的特徴および心理的発達過程」『スポー
　　ツ精神医学』第 14 巻　日本スポーツ精神医学会　2017 年　pp.13-26
16）前掲書 15）　pp.13-26
17）前掲書 15）　pp.13-26
18）前掲書 15）　pp.13-26
19）中込四郎『アスリートの心理臨床』道和書院　p.76
20）前掲書 15）　pp.13-26
21）中込四郎『危機と人格形成―スポーツ競技者の同一性形成―』道和書院　1993 年　pp.264-266
22）前掲書 19）　p.119
23）Tamminen, K. A., Holt, N. L., and Neely, K. C. (2013) Exploring adversity and the potential for
　　growth among elite female athletes. *Psychology of sport and exercise*, 14(1), 28-36.
24）前掲書 21）　p.272

学びの確認

①アスリートのキャリア発達において、どのようなことが問題か考えてみましょう。

....

....

....

②アスリートのキャリア発達において、成長のきっかけや手がかりとなることを考え
　てみましょう。

....

....

....

③キャリアの発達に向けて、競技生活の困難事象にアスリートがどう取り組むことが
　望まれるかまとめてみましょう。

....

....

....

引退後の自分に自信が持てないアスリートへの
キャリア支援

筆者のもとに相談に訪れたアスリートからは「将来ちゃんと働く自信がないです」や「競技を辞めたら人生終わります」などと語られることがあります。なぜ、アスリートはこんなにも自身の引退後の未来を憂いているのでしょうか。

インターネットの検索エンジンで「キャリア＿語源」などと検索するとすぐに出てきますが、一般的に「Career（キャリア）」はラテン語の「カッルス（Carrus）：車輪のついた乗り物」を語源とすると言われています。その後、言葉の意味に広がりが生じ、車輪のついた乗り物だけでなく、その乗り物が通った道についた「車輪の跡」についても、「キャリア」と呼ぶようになったとされています。

「車輪の跡」がつく乗り物といえば馬車が思い浮かびますが、歴史上有名な馬車の一つに、ハンガリーの「コチ」という地域でつくられた四輪の台車がついたものがあります。コチで造られた四輪馬車は、性能が良く重宝されたことから、その馬車そのものを指して「コチ」と呼ばれるようになりました。

さらに現代では、コチの「目的地まで人を運ぶ」という仕様の様子から比喩的に意味が派生して、「コーチ：指導者」という意味まで含むようになりました。欧州では列車の客席車両をコーチと呼び、1コーチ・2コーチ……と表現することから、コーチは運ばれる箱（客席車両）のみを指すような意味に捉われがちですが、本来的には馬も台車も含む馬車そのものをコーチと呼んでいたので、目的地まで運ぶ方（主体）も運ばれる方（目的地に向かう客体）も含んだ全体を意味するといえます。さまざまな解釈ができますが、コーチとは他者だけでなく、自分自身が色々な役割を背負いながらその役割の目的地まで進むという解釈もできないでしょうか。キャリアとはそのような過程の轍なのです。

アスリートのキャリア支援というと、引退後の生活に向けた支援や就職の斡旋を想像する人も多いかもしれません。しかし、キャリアの語源をたどれば、アスリートとしてそれまでに歩んできた道のりという意味合いもあります。アスリートが競技生活の中でどのようなことを成し遂げ、その過程でどのような能力が身についたのか、素通りしてきた経験であっても、後から振り返り、意味を付与して体験的に理解することも可能なのだと筆者は考えます。

筆者は、アスリートとの心理相談の中で、引退後の自分に自信が持てず肯定感を抱けない選手たちと、これまでの競技生活を振り返りながら、アスリート自身の特徴やアスリートなりの問題解決の方法などについて話すことがあります。「22歳になったから就職しなくては」や「引退したから働かなくては」などと社会的に先に進むことだけを急ぐのではなく、どのような未来になっても自らの意思や判断で決断し、責任を持って進んでいける力を、競技生活を手がかりとして見いだしていくことが、長い人生（キャリア）を豊かにする「自信」となるのではないでしょうか。

第11章 スポーツカウンセリングのアプローチを学ぶ

なぜこの章を学ぶのですか？

アスリートの心理サポートへの関心は高まっていますが、どのように実践されているのかについては、あまり知られていません。そこで本章では、アスリートの心理サポート実践に役立てるために必要な、アスリートに対するカウンセリング、スポーツカウンセリングの理論および実践について学びます。

第11章の学びのポイントは何ですか？

本章の具体的な学びのポイントについては、下の二次元コードから動画を視聴してください。そして、そのうえで下記の「考えてみよう」にも取り組んでみてください。

＼ 考えてみよう ／

① スポーツ経験の中で、「心の影響」や「心の問題」と感じた、あるいは言われたことがあれば、どのような出来事であったのか、思い出してみましょう。

② 自分自身、もしくは周囲の誰かに対してスポーツカウンセリングが必要だと思われる出来事があったかどうか、競技経験を振り返ってみましょう。

1 スポーツカウンセリング

　欧米ではさまざまな心理学領域が網羅される形で臨床スポーツ心理学が形づくられ、わが国では「精神力動的アプローチ」に基づいた取り組みを行っている実践家によって発展していった。スポーツカウンセリングはさまざまな問題を抱える体育・スポーツに関わる者に対して、アセスメントを行い、心理療法を提供するものである。

1 スポーツカウンセリングとは

　スポーツカウンセリングの定義を確認する前に、まずはここで臨床スポーツ心理学という学問領域について確認する。

　欧米では、マートン（Mertens, R.）[1] に代表されるように、アスリートの心理サポートを「異常な行動からふつうの行動」までを臨床的スポーツ心理学者、「ふつうの行動から優れた行動」までを教育的スポーツ心理学者が担当するという区分けがなされてきた（図 11-1）。しかし近年では、臨床スポーツ心理学（Clinical Sport Psychology）という領域が確立され、その区分けが取り払われつつある[2]。欧米では、さまざまな心理学領域の知識と方法を、①心理的・身体的健康とウェルビーイングを向上・維持する、②スポーツに関わる個人・家族・組織のためにアスレチック・パフォーマンスを最大限に高める、③心理的要因が寄与しているまたは和らげている個人的問題やパフォーマンス上の問題を予防、アセスメント、改善する[3] ことへの応用を臨床スポーツ心理学として位置づけている。

　一方わが国では、それ以前より中込四郎や鈴木壯を中心に臨床スポーツ心理学が構築されてきた[4]。それは欧米の定義とは異なっているともいわれる[5]。具体的には、内容が大きく異なるということではなく、欧米はさまざ

図 11-1　臨床的スポーツ心理学と教育的スポーツ心理学の区別

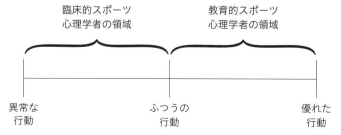

臨床的スポーツ
心理学者の領域

教育的スポーツ
心理学者の領域

異常な
行動

ふつうの
行動

優れた
行動

出典　R. マートン（猪俣公宏監訳）『コーチング・マニュアル　メンタルトレーニング』大修館書店　1991 年　p.77

＊1　精神力動的アプローチ
力動的な観点 (dynamic aspect) とは、観察可能な症状や行動などの心理的現象と、本人にとって意識されない心理的諸力が相互に作用し合った結果生じると理解する観点であり[6]、このような力動的観点からの心理的な心の動きを理解するアプローチを精神力動的アプローチという。

まな心理学領域が網羅されていることに対し、わが国は「精神力動的アプローチ」＊1 に基づいた取り組みを行っている実践家を中心に発展してきているという点で異なる[7]。しかし、この実践の基本姿勢はよって立つ理論基盤を越え、広く心理支援実践者に共有されるものである[8]。この点は次項において詳しく述べたい。

次に、わが国において、スポーツカウンセリング（以下「SpC」）は、メンタルトレーニング（以下「MT」）と対比しながら論じられることが多い。中込は、MT はパフォーマンス向上に直接関わる心理面の強化である一方で、SpC はスポーツ選手としてのベースとなるパーソナリティ成長に関わるものと位置づけている[9]。

さまざまな表現で SpC の定義がなされているが、本章の「スポーツカウンセリングのアプローチを学ぶ」というタイトルに即して、筆者自身が日頃実践している感覚に沿うならば、「対話を主体として、選手が競技生活での出来事を振り返りながら自己理解を深め、競技のなかで発見的、想像的に歩むのを援助する」[10] という定義が最もしっくりくる。対象となるのは、アスリートだけでなく、「競技場面に関わるすべての人々を対象とする心理臨床行為」[11] であり、指導者や親などのアスリートに関わる対象も含んでいる。また、スポーツ選手の心理的問題行動だけに限定せず、スポーツ心理学で扱う研究課題や事象にまで対象を広げ、それらに対して心理臨床学的アプローチを採用している[12][13]。

鈴木は SpC の内容を「競技力向上に関わる問題、競技遂行上の問題、神経症、身体的問題、あるいは、全人格的成長や引退の問題など、さまざまな問題や悩みを抱えるアスリートに対する心理アセスメント、そしてカウンセリングや心理療法がその主たるものである」[14] と説明している。つまり、SpC はさまざまな問題を抱える体育・スポーツに関わる者に対して、アセスメントを行い、心理療法を提供するものであるといえる＊2。

＊2　スポーツカウンセリングの理論や方法論については、さまざまであり、そのことについては、中込 (2004)[15]、(2013)[16] が参考になる。

2 臨床スポーツ心理学

わが国において SpC を確立してきた一人でもある中込は、「SpC は、体育・スポーツ学における領域横断的分野をめざして、『スポーツカウンセリング』よりも『臨床スポーツ心理学』（clinical sport psychology）の名称を用いることが多い」と言及している[17][18]。中込は臨床スポーツ心理学における動きの捉え方を 表11-1 のようにまとめている[19]。例えば、コツの獲得のように、運動学習、スポーツバイオメカニクス、運動学、コーチングなどの研

表 11-1　臨床スポーツ心理学における "動き" の捉え方

専門観点	動きを見る視点	理解の方法	情報の質	対象
バイオメカニクス	力学的運動	モデル化して客観的観察	量的	部分的・分析的
運動学	人間の行動	具体的・共感的観察	質的	全体的
臨床スポーツ心理学	内界の表現としての "動き"	語り、了解的理解、相互性	質的、物語る	個の全体性

出典　中込四郎『臨床スポーツ心理学―アスリートのメンタルサポート―』道和書院　2013 年　p.21 をもとに作成

究領域だけでなく、臨床スポーツ心理学においても、それぞれの専門的視点から動きを理解することができることをこの表は示している。このようにさまざまな領域で扱う課題の一部にも応えることを期待し、SpC に留まらず、臨床スポーツ心理学は研究実践領域の学問として位置づけられている[20) 21)]。前項で述べたように、欧米のようにさまざまな心理学領域が網羅されているわけではないが、わが国では、さまざまな体育・スポーツ科学における専門家が共通して議論できる土壌となるように、領域横断的な学問を目指したといえる。

　実際の選手のサポートにおいては、医師やトレーナー、栄養士など、さまざまな専門家とともに選手をサポートすることがあり、そういった場合には、臨床スポーツ心理学の視点から他の専門家に説明を行うことによって、他分野に心理サポートの視点について理解を促すことができる。反対にコーチなどの選手にとって身近な存在から選手についての見解を聞くこともあるが、その際にも臨床スポーツ心理学の視点を持っておくことで、多面的な選手理解が可能になる。実際のサポートにおいては、このようなさまざまな視点から映し出される選手に関する語りを統合して、選手の理解に役立てていくことになる。

3 臨床スポーツ心理学の方法

　先にコツの獲得を一例として挙げたが、臨床スポーツ心理学では、どのように「対話を主体として、選手が競技生活での出来事を振り返りながら自己理解を深め、競技のなかで発見的、想像的に歩むのを援助する」[22)] ということを実現していくのであろうか。

　中込と小谷克彦は、臨床スポーツ心理学の方法とその展開について、詳細に述べている[23)]。そこでは、臨床スポーツ心理学の方法として、下記の 4

つが挙げられている。筆者は以前、中込と小谷の論文に対して「『臨床スポーツ心理学の方法とその展開』をいかに実践・研究につなげるか」というリプライ論文を執筆しており [24]、ここではその観点から下記のように4点をまとめる。

(1)「方法中心」から「問題中心」へ

　アスリートに限らず、カウンセリングに関わっていると、一方の主張が他方から見ると異なる事実として受け止められることをよく経験する。例えば、親子の間で、親にとって子どもにやめてほしいと思う行動は、親の側の枠組みに子どもを当てはめようとしたときに生じる制限であり、子どもの側から見ると何の問題もないことがある。つまり、ある視点から見ているだけでは、もう一方の主張を理解することはできず、ここでは視点の移動を図ることで、意味の多様性がもたらされる。

　カウンセリングに来談する方（クライエント）は何らかの問題行動を主訴として来談することがほとんどであるが、その主訴に対する視点の移動をすると、問題とされる行動に、その選手自身の現状を理解するメッセージが含まれているように見えることがある。例えば、中込は、けがの事例を示し、けがの訴えを聞いていると、痛みの訴えがあることにより、一時的にけがの原因となった状況から距離を取り、必要な心身の準備ができるなど、選手にとって心身の「守り」として機能している場合があることを指摘している [25] [26]。この視点の移動なしには、カウンセリングでクライエントを理解することが難しい。

　このような視点の移動は、カウンセリングの場合にはカウンセラー、研究の場合には研究者の一方的な視点で、対象となる選手、もしくは問題（現象）を切り取ろうとするのではなく、対象となる選手や問題を中心に物事を捉えていこうとすることにより、可能になる。

　さらに、中込・小谷は「問題中心のアプローチをするためには、各自が研究フィールドを持つことが重要である」 [27] と指摘しているが、スポーツカウンセリングを実践する者の場合、それはカウンセリングの場が該当する。もちろん、研究のためにカウンセリングをするのではないが、カウンセリングにおいて課題になっていることを研究課題として設定し、研究として検証し、有効性を確認して再び実践に還元するという循環が、実践と研究をつなぐ臨床スポーツ心理学的な研究なのではないかと筆者は受け止めている。

(2) 関係性

　中込と小谷は、クライエントとの関係性を記述することの重要性について

も触れている [28]。心理療法は、カウンセラーとクライエントの間で生じる「治療的人間関係」をベースとして展開している [29]。また、対象者の内的過程を研究する場合には、体験を共有し追体験していこうとする（了解的方法）ために、「現象に自らかかわる」[30] 姿勢が必要になってくるといわれている。この姿勢はカウンセリングにおいても、研究においても非常に重要である。なぜなら、どのように我々が関わるのかによって、クライエントの見え方やクライエントが我々に見せ、そして伝えてくるものが異なるためである [31] [32]。そのため、カウンセリングにおいては、クライエントの変化のみならず、カウンセラーがどのようにクライエントを理解し、関わったのかを記述し、検討することによって、クライエントの心理的な変容プロセスを明らかにすることができ、アスリートの心理サポートにおいて役立つ知見となると考えられる。このような取り組みを積み重ねていくことで、臨床スポーツ心理学がさらに発展していくことにつながる。

（3）個の尊重：事例研究

　臨床心理学においては、事例研究は不可欠であるといわれている [33]。それは、個々に異なる個性を持っていて、誰にでも当てはまる方法がないため、個々の事例をできるだけ詳しく発表することによって、ほかの症例にも役立つ知見を提供できるためである。臨床スポーツ心理学でも同様に、スポーツカウンセリングの事例研究が重要視されている。

　中込と小谷は、臨床スポーツ心理学における事例研究において、大江健三郎の『小説の方法』内の書き手と読み手の関係について記述した一文を援用し、法則定立的アプローチよりも個性記述的アプローチが、現場により多くの示唆を与えると主張している [34]。そして、個性記述的アプローチをさらに有益なものとするために、大江の「異化」という概念を用い、「研究結果を読み手が現場に応用できるためには、書き手は読み手に想像力を喚起する必要がある」と述べている。事例研究は、事例を物語的に記述することであると筆者は理解しているが、この物語を読み手が追体験できるように記述することが必要になるということである。

　中込と小谷はさらに、事例研究における「個の普遍性」を主張した河合隼雄 [35] に基づき、臨床スポーツ心理学の事例研究において、個の普遍性を目指す必要があると述べている。体育・スポーツ領域では、事例研究は科学でないという指摘が多いが、中込と小谷の論文では、個の普遍性を追求することで、こういった指摘に応じることができると示唆しているように受けとめられる。

（4）「語れないもの」を語る：身体性

　中込と小谷は、これまで述べてきたクライエントへの関わり方に加え、クライエントと関わる窓口として「身体」の有効性について示唆している。中島登代子[36]や鈴木[37]の相談事例に代表されるように、アスリートの相談事例において身体の「象徴性」について語られることが多いことに触れ、「アスリートの語る『身体』は彼らの内界の表現あるいはメッセージとして受けとめられる」と主張している。先に述べた事例研究において、身体体験が重要であると主張したのは、アスリートの語る「身体」は彼らの内界のメッセージとして受けとめることができるためである。

　筆者はアスリートのカウンセリングを担当するようになってから、常にこのことを学び、実感している。日々のアスリートとのカウンセリングを振り返ってみても、「身体」を彼らのありようとして受けとめている。それゆえ、事例研究として事例を報告するうえでは、「身体」に関する語りなしには記述できない。また、その際、自分自身の身体体験も重要になってくる。アスリートがある動きについて説明し、「どうしても特定の動作がおかしくなってしまう」などと語るときには、イメージの中で、アスリートが語るその動きを自分自身が体験しようとしていることに気づく。そして、非常に窮屈であるとか、不安定であるなど、その動きの感覚を自分自身が味わい、そのイメージを彼らのありように重ね、理解につなげていく。中込と小谷も、「『身体』を窓口にするにしても、一方的に質問を投げ掛けるのではなく、研究者と対象者との間に深い相互交流を実現することによって、研究者側は被験者の内界にある現実に関わり、そして隠された意味を読み取る努力をせねばならない」[38]と述べている。これは研究にのみいえることではなく、カウンセリングにおいても同様である。この主張からも、カウンセラー自身がアスリートの身体体験に視点を移動し、追体験するという対話を繰り返す必要があるといえる。そして、カウンセラーである研究者自身がどのように感じ取ったのかを丁寧に記述することで、読み手に伝わる文章となり、前項で述べた「個の普遍性」につながる一つの手がかりとなるだろう。

　以上のように、中込と小谷が示した4つの方法論を概観すると、「臨床スポーツ心理学」は「個の普遍性」を目指すことを大きな課題としている。そして、そのためには、カウンセラーが研究者として自身のフィールド、そして自分自身と対話を繰り返し、そこに現れた関係性を丁寧に記述し、研究や実践を積み重ねていくことが必要である。

2　スポーツカウンセリングのアプローチ

スポーツカウンセリングのアプローチとして、a. 生育歴ならびに競技歴をふまえながら聴く、b. イメージないしは象徴レベルで聴く、c. 主訴の背景にある内的（心理的）課題との関連から聴く、d. 個にとっての意味として聴く、などが必要となる。

本節では、スポーツカウンセリングに訪れるアスリートの特徴を述べるとともに、実際のアスリートの心理サポート事例を提示し、サポートの方法を説明する。

1　来談するアスリートの心理的特徴

江田と中込は、カウンセリングに来談するアスリートの相談事例を分析し、彼らの自己形成の特徴について明らかにしている[39]。そして、来談するアスリートに共通する特徴として、①競技状況への過剰適応、②自己信頼感の不足、③主体性の欠如、④自己充足感の薄さ、といった 4 つの特徴が確認された。来談事例の詳細な分析については「江田・中込（2009）」[40]に委ねるが、上記 4 つの特徴を以下に簡単に示して説明する。

（1）競技への過剰適応

江田・中込（2009）で取り上げた事例では、来談したアスリートは、周囲（親、指導者など）の期待や要請に応えるように競技に専心し、競技力を向上させてきた。そこでは、必然的に自身の存在価値やアイデンティティの手がかりの多くを競技に求めており、スポーツのみの同一化（sport only identification）[41]となっていった。そして、競技成績によって、自己評価を変動させていた。このような体験様式であるため、彼らの経験は非常に狭く、幅広い受け止め方や対処行動を展開することを難しくさせてしまう。

（2）自己信頼感の不足

江田・中込（2009）において来談したアスリートは、幼少期から競技に専心してきた者が多く、彼らの周囲の者はパフォーマンス向上に伴い、高い評価を彼らに与えていた。これは当然のこととも考えられるが、（1）で挙げたように、競技力が高くなるにつれ、心身ともに競技にコミットしていき、現実的にも競技以外の時間を過ごすことが難しくなっていった。そのような

中で高い評価を得られる競技に対して、自身の価値感覚を見いだす傾向が高くなっていく場合がある。このような場合、自分自身に対する信頼感が非常に低く、仮に競技成績の向上がなされても、それが自信や自尊感情の高まりにはつながっていかない。すると、本来個性や創造的な取り組みを促進する機会として機能しうるスポーツも、そのような意味での取り組みとならなくなってしまう。

（3）主体性の欠如

　競技への過剰適応、自己信頼感の不足といった状況では、主体的に競技に取り組む態度が賦活化されにくい。なぜならば、このようなアスリートは、（1）で触れたように、親や指導者の言う通りに取り組んで成功してきた経験があり、自身の主体的な動きを起こした経験が非常に乏しい場合が多い。それゆえ、いざ主体性を問われる場に遭遇しても、何をどのようにすればよいのか分からずに困惑する。

（4）自己充足感の薄さ

　主体性が発揮されない状況では、自己充足感を得ることが難しい。江田・中込（2009）において来談したアスリートたちは、「一生懸命やっても不安を抱えているからやりきれないような感覚がずっとある。やりきれていない。こういう感覚がずっとある」といったように、いくらやっても自分自身の充足感として積み重なっていかないのである。

2 スポーツカウンセリングのアプローチ

　上記のような特徴を持つアスリートに対して、スポーツカウンセリングでは、どのようにアプローチするのであろうか。 図11-2 に示したように、臨床スポーツ心理学では、アスリートの「心理相談におけるスポーツ障害の見方」[42] を提示している。以下では、中込[43] の研究を参考に図の説明を行う。

　アスリートが来談に至る際、それぞれ何らかの課題を抱えて来談する。ここでは、その課題を「スポーツ障害」としていると理解していただきたい。図の縦軸には、外界（見える世界）と内界（見えない世界）を、そして横軸では、自我親和的（当該の事象が意識レベルで受け入れられるもの）と自我違和的（受け入れ難いもの）に、便宜的に分けている。

　上下を指す双方向の矢印は、スポーツ障害やこころの課題・問題の克服によってそれぞれ発達的変化を引き起こすことが示されている。そして、その

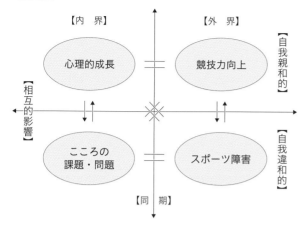

図 11-2　心理相談におけるスポーツ障害の見方

出典　中込四郎『アスリートの心理臨床―スポーツカウンセリング―』道和書院　2004 年　p.11

逆は競技力向上や心理的成長を遂げる過程で、スポーツ障害やこころの課題・問題が生じる可能性があることを示している。

　さらに実線で示した左右方向の二重線は、両者の歩みが同期して生じることを意味している。スポーツカウンセリングでは、外界と内界の下方部分の共時的見方が必要になる。なぜなら、こころの課題・問題をスポーツ障害といった外界の見えるところで訴えていることがあるからである。こうしたつながりからさらに、中央に示しているタスキがけのような関係性も考慮され、カウンセリングに生かされていく。つまり、こころの課題・問題に取り組むことによって競技力向上を果たし、スポーツ障害の克服が心理的成長にもつながっていくということを示している。そして、このような見方をカウンセリングの中で生かしていくためには、アスリートの訴えをa．生育歴ならびに競技歴をふまえながら聴く、b．イメージないしは象徴レベルで聴く、c．主訴の背景にある内的（心理的）課題との関連から聴く、d．個にとっての意味として聴く、などが必要となる[44]。

3 スポーツカウンセリング事例

　ここまでの説明のまとめとして、最後に事例を示したい。筆者が担当した事例であるが、プライバシー保護の観点から、本人が特定されないよう、事実を歪めない程度に脚色していることを断っておく。

【事例】再びトップアスリートとして活躍したアスリート

　Ａは幼少期から、運動に関しては何でもすぐにできた経験があり、専門競技についても高校時代は国内で１位になっていた。来談の時期はちょうどジュニアからシニアに移行した時期であったが、シニアではなかなか結果が伴わなくなり、ナショナルチームに選出されない可能性が出てきていた。

　一方、対人関係においては、心を許すと非常に信頼し、長くそして深く関係性を築くことができるが、心を許すまでに時間がかかること、心を許せない場合には、相手を拒否してしまうため、相手からＡに対しても拒否的な態度がとられてしまうことが多いようであった（a. 生育歴ならびに競技歴をふまえながら聴く）。当時、担当コーチとうまく関係性を築くことができず、そのことに関して相談していたトレーナーの勧めで来談した。

　来談当初、Ａは筆者に対しても非常に抵抗を感じている様子であり、こちらの様子を探りながら話している印象であった。主訴である「競技での不調」について聞いていくと、「周囲からどう見られているかが気になってしまい、自分のプレーに集中できていない」ことが語られた。そして試合では、それがさらにひどくなり、過緊張となってしまい、「練習でできていたことが全くできなくなってしまう」状況であった。そういった状況について語る中で、筆者はＡがどのような体験をしているのかに注意を向けた（b. イメージないしは象徴レベルで聴く）。すると、Ａの視点が周囲に向いており、自分自身に対して注意が全く向いていないことや落ち着いてプレーできない感覚があることを感じた。また、注意が周囲に向いているため、わずかでもできたこと、進歩していることがあっても、なかなか自身を肯定的に捉えることができず、自信につながっていかないことも分かってきた（c. 主訴の背景にある内的（心理的）課題との関連から聴く）。

　そのため筆者は、わずかでもＡのポジティブな変化を感じたときには、そのことを伝えるようにした。初めは筆者の言葉を受け止めることができず、否定していたが、１年ほど経過したころから、少しずつＡも自身を肯定的に見ることができるようになっていった。こうした取り組みの中で、筆者はＡの語りの中で、Ａはまねがうまいということに気づいた。競技に限らず、さまざまな場面でＡはまねをすることが非常にうまかった。それは例えば、バイトを始めたときには、仕事内容をあっという間に覚えており、その理由を聞いたときに、「参考になる先輩をまねしている」こと、「まねができるようになったら、自分なりのアレンジをしている」ことなどから明らかになった。競技でも同様に、「参考になる選手の動きを見るとすぐにまねができる」ということであった。さらに詳しく聞いていくと、「対戦相手の動きも自然とまねしてしまうことがある」という。このようなＡの特徴を筆者が理解

していくと、A 自身も自身の特徴を理解できるようになり、「まねができる
ということは、相手のタイミングなども理解できるということだから、タイ
ミングを合わせて、自分が攻撃しやすいように相手を誘導する」という戦略
を実践していった（d．個にとっての意味として聴く）。

　そして、A は少しずつ競技力を向上させ、国内で上位の成績を修めること
ができるようになり、安定してナショナルチームに選ばれるようになって
いった。

引用文献

1 ）R. マートン（猪俣公宏監訳）『コーチング・マニュアル　メンタルトレーニング』大修館書店　1991 年　p.77
2 ）Gardner, F. L., and Moore, Z. E. (2006) *Clinical Sport Psychology*. Human Kinetics,　pp.9-10.
3 ）フランク・ガードナー、ゼラ・ムーア（佐藤寛・金井嘉宏・小堀修監訳）『ガードナー　臨床スポーツ心理学
　　ハンドブック』西村書店　2018 年　pp.7-8
4 ）武田大輔「トップアスリートに対するカウンセリングアプローチ―臨床スポーツ心理学の立場から―」『心身
　　医学』第 59 巻第 1 号　日本心身医学会　2019 年　pp.22-29
5 ）荒井弘和「アスリートの抱える心身医学的問題とその支援」『心身医学』第 59 巻第 1 号　日本心身医学会
　　2019 年　pp.15-21
6 ）乾吉佑・氏原寛・亀口憲治・成田善弘・東山紘久・山中康裕『心理療法ハンドブック』創元社　2005 年　p.535
7 ）前掲書 5）　pp.15-21
8 ）前掲書 4）　pp.22-29
9 ）中込四郎「メンタルトレーニング」中込四郎・山本裕二・伊藤豊彦『スポーツ心理学―からだ・運動と心の接
　　点―』培風館　2007 年　pp.217-240
10）前掲書 9）　p.234
11）中島登代子「スポーツカウンセリングの専門性」『臨床心理学　スポーツと心理臨床』第 4 巻第 3 号　金剛出
　　版　2004 年　pp.353-359
12）中込四郎「『臨床スポーツ心理学』の方法」『スポーツ心理学研究』第 25 巻第 1 号　日本スポーツ心理学会
　　1998 年　pp.30-39
13）中込四郎『アスリートの心理臨床―スポーツカウンセリング―』道和書院　2004 年　p.21
14）鈴木壯「スポーツカウンセリング」日本体育学会監修『最新　スポーツ科学事典』平凡社　2006 年
　　pp.104-105
15）前掲書 13）　p.21
16）中込四郎『臨床スポーツ心理学―アスリートのメンタルサポート―』道和書院　2013 年
17）前掲書 12）　pp.30-39
18）前掲書 13）　p.22
19）前掲書 16）　p.21
20）前掲書 16）　p.20
21）前掲書 4）　pp.22-29
22）前掲書 9）　p.234
23）中込四郎・小谷克彦「臨床スポーツ心理学の方法とその展開」『臨床心理身体運動学研究』第 12 巻第 1 号
　　日本臨床心理身体運動学会　2010 年　pp.3-28
24）江田香織「『臨床スポーツ心理学の方法とその展開』をいかに実践・研究につなげるか」『臨床心理身体運動学
　　研究』第 16 巻第 1 号　日本臨床心理身体運動学会　2014 年　pp.29-38
25）前掲書 13）　pp.31-33
26）前掲書 16）　pp.32-34
27）前掲書 23）　p.11
28）前掲書 23）　pp.3-28
29）前掲書 16）　pp.34-36

30）河合隼雄『臨床教育学入門』岩波書店　1995 年　p.13
31）前掲書 13)　pp.31-33
32）前掲書 16)　pp.32-34
33）河合隼雄『臨床心理学ノート』金剛出版　2003 年　pp.62-67
34）大江健三郎『小説の方法』岩波書店　1993 年　p.13
35）河合隼雄『心理療法論考』新曜社　1986 年
36）中島登代子「スポーツと心身の癒し―心理臨床学的視点―」江田昌佑監修『スポーツ学の視点』昭和堂　1996 年　pp.129-145
37）鈴木壯「アスリートが語ること」山中康裕監修『魂と心の知の探求―心理臨床学と精神医学の間―』創元社　2001 年　pp.121-141
38）前掲書 23)　pp.3-28
39）江田香織・中込四郎「アスリートの相談事例に見られる『自己形成』の特徴」『臨床心理身体運動学研究』第 11 巻第 1 号　日本臨床心理身体運動学会　2009 年　pp.17-28
40）前掲書 36)
41）Ogilvie, B. C., and Howe, A. M. (1986) The trauma of termination from athletics. In J. M. Williams (Ed.), *Applied Sport Psychology*. California: Mayfield Publishing Co., 365-382.
42）前掲書 13)　p.11
43）前掲書 13)　p.11
44）中込四郎「アスリートが遭遇する危機経験とその意味」中込四郎・鈴木壯『アスリートのこころの悩みと支援―スポーツカウンセリングの実際―』誠信書房　2017 年　pp.46-61

学びの確認

①本章で学んだ臨床スポーツ心理学の方法における4つの観点について、それぞれの
　内容を振り返ってみましょう。

....

....

....

②来談するアスリートの心理的特徴にはどのようなものがあるか、本章の学びをふま
　えてまとめてみましょう。

....

....

....

③本章で学んだスポーツカウンセリングのアプローチにおいて、アスリートの訴えを
　聴く際に重要な4つの視点について、それぞれの内容を振り返ってみましょう。

....

....

....

④【ワーク】自身の心の課題や問題がスポーツ障害として表れたことがあるか振り返っ
　てみましょう。そのうえで、具体的な事象がある場合は、その事象を臨床スポーツ
　心理学の観点からどのように理解できるか考えてみましょう。

....

....

....

ジュニアアスリートのカウンセリング

　筆者は近年、思春期世代のアスリートのカウンセリングを多く経験し、そのうえで彼らのカウンセリング事例を分析しています[1]。そこで取り上げている選手たちは、思春期にすでに国内外で活躍するトップアスリートです。一般的には、思春期は身体的な変化に伴って自他の変化に気づくようになり、心理的な自他の違いに目が向くようになる時期であるといわれています。この変化に気づくことをきっかけに、「自分とは何者か？」といった、青年期の課題である「同一性の課題」に取り組む入り口になるような問いに出会っていきます。そして、この時期にチャムシップ[2]と呼ばれる同世代の親密な友人との関係の中で、共感的な理解を得ながら試行錯誤し、自分づくりを開始するといわれています。

　ところが、思春期ですでにトップレベルで活躍しているアスリートたちは、上述のような一般的な思春期とは異なっていました。彼らは、競技のために、継続的に身体的トレーニングを実施しており、常に身体が変化していました。そのため、男性は男性らしい変化として、身体的な変化を自覚しにくく、女性もトレーニングのため、女性らしいふくよかな体つきになりにくいということが分かりました。また、彼らは幼少期からすでに競技に専心しているため、同世代の親密な友人関係はあっても、競技の中でのライバルにもなりえる独特な関係性であることが少なくありませんでした。さらに、彼らの中には、親元を離れて競技に専心するアスリートも多くいました。

　そのうえで筆者は、彼らの心理的発達過程としては、①身体に関わる自己感覚の否定、②関係性に支えられた試行錯誤経験、③新たな自分なりの感覚の芽生えと確認、といった３つのプロセスがあることを明らかにしました[3]。この中で、②の関係性に支えられた試行錯誤経験は最も重要です。なぜなら、思春期年代でトップ

アスリートとして活躍しているアスリートたちは、その才能ゆえ、指導者の指摘する動きを感覚的にすぐに獲得することができる場合が多く、競技において、特に試行錯誤を経験せずとも競技力を向上させている場合が多いからです。そのため、失敗経験が非常に少なく、失敗を恐れて、なかなか試行錯誤的な取り組みができません。彼らにとっては、できること、勝つことが当たり前の世界になってしまっているのです。そんな世界を生きている彼らに対して、失敗しても成功しても変わらずに接するカウンセラーのような存在は非常に貴重です。カウンセラーとの間でどんな自分も受け入れられる経験を経て、少しずつ試行錯誤ができるようになり、新たな自分として、再び競技に専心していくことができるようになるのです。

［引用文献］
1）江田香織・関口邦子・秋葉茂季「来談する思春期トップアスリートの心理的特徴および心理的発達過程」『スポーツ精神医学』第 14 巻　日本スポーツ精神医学会　2017 年　pp.13-26
2）Sullivan, H. S.（中井久夫・山口隆訳）『現代精神医学の概念』みすず書房　1976 年（Sullivan, H. S. (1966) *Conceptions of modern psychiatry*. New York: W. W. Norton and Company, Inc.）
3）前掲書 1）

第12章 コミュニケーションを効果的に図る

なぜこの章を学ぶのですか？

　アスリートが自身の持つ能力を最大限に発揮し、競技パフォーマンスを向上させ、充実した競技生活を送るためには、自分を取り巻く周囲の他者との円滑なコミュニケーションや相互支援的な関係構築が不可欠です。そこで本章では、スポーツ場面における対人相互作用について理解を深め、アスリートに求められる他者との意思疎通の図り方、関係構築について考えていきます。

第12章の学びのポイントは何ですか？

　本章の具体的な学びのポイントについては、下の二次元コードから動画を視聴してください。そして、そのうえで下記の「考えてみよう」にも取り組んでみてください。

考えてみよう

① あなたの競技生活を振り返り、実力発揮に必要なコミュニケーション（種類とその機能や目的）を挙げてみましょう。

② あなたの競技生活を支えてくれる「重要な他者」を挙げ、その理由も考えてみましょう。

1 スポーツ場面におけるコミュニケーション

> スポーツ場面では、アスリート同士、アスリートと指導者などとの間でさまざまなコミュニケーションが発生する。コミュニケーションは、言語的コミュニケーションと非言語的コミュニケーションに大別される。

1 コミュニケーションとは

（1）スポーツにおけるコミュニケーション

　コミュニケーションとは、「考えや思いを言語などの記号に変換させて交換する相互行為であり、人間の最も基礎的な社会活動」[1] である。コミュニケーションは、情報の送り手、受け手、伝達される情報（メッセージ）、情報を搬送するチャネルの 4 要素から構成され [2]、これらすべての構成要素がそろわない限りは成立しない [3]。チャネルとは、情報を伝達する媒体（メディア）を指し、言葉を用いる言語チャネルだけでなく、言葉を用いない非言語チャネル（顔面表情、視線など）も含まれる。送り手は、伝達したい情報を記号化（coding）して受け手に伝え、それを受け手が解読（decoding）する。その繰り返しによりコミュニケーションは成立する [4]。

　スポーツ場面おいても、さまざまなコミュニケーションが行われている。アスリート同士、アスリートと指導者との間で交わされる戦術や戦略などの情報共有、チームの方針に関する意見交換など、スポーツ活動をするうえでコミュニケーションは欠かせない。多くの場合、コミュニケーションは練習、トレーニング、試合、チームのミーティングの場面で対面形式により行われるが、電話やオンライン会話が可能なデバイスを用いた音声チャネルや、メールや SNS、チームの日誌のような書き起こされた文字によるものなど、非対面形式でのやり取りも頻繁に行われている。

　スポーツ場面におけるコミュニケーションの在り方は、集団やチーム構成員の特徴、競技特性などにより異なるが、迅速かつ正確なコミュニケーションは、スポーツに必要不可欠なものと認識されている。特に競技スポーツにおいては、試合中やハーフタイムなど限られた時間の中での意思疎通が求められ、各々が状況に応じたコミュニケーションのスタイルを判断して選択、実行していくことが必要となる。こうしたコミュニケーションが個人の安心感や信頼感およびチームとしての一体感、チームワーク促進において重要な役割を果たすことが指摘されている [5] [6]。

（2）コミュニケーションの目的

　コミュニケーションの目的は、自己、他者、外界に関する知識や情報を獲得するため、娯楽享受（おしゃべりの楽しみ等）のため、知識や情報を伝達するため、他者に対して影響力を行使するため、安定した対人関係を構築するため、問題を解決するため（交渉や要請等）などさまざまである[7]。先にも述べたように、スポーツのあらゆる場面においても、戦術などの情報共有や伝達、プレー中の指示など、多様な目的でコミュニケーションが行われている。チームメイトとのコミュニケーションを通して、お互いの理解を深め、関係性を発展させることや、チームワークを高めること、情報共有によって不安低減や心理的安寧の獲得をねらうコミュニケーションもあるだろう。

（3）メッセージの送り手と受け手

　送り手と受け手の要因には、各々のコミュニケーションスキル、態度、知識レベル、社会的・文化的システム内での立場などの下位要因が含まれる。伝達されるメッセージ内容や記号化様式の在り方（例：どのように伝えるか）には、送り手の特性が深く関連している。例えば、人口学的特性（例：性別や年齢）、社会学的特性（例：職業や社会的地位）、心理的特性（例：パーソナリティや能力）や本人の過去の経験の影響を大きく受けることが指摘されている[8]。さらに、メッセージの伝え方には、送り手が持つ3つの態度（自己への態度、情報内容への態度、受け手に対する態度）が影響する[9]。例えば、自信がある人や伝達内容に信憑性がある場合には、送り手は堂々とそのメッセージを伝えることができ、それが言い方や表現方法にも反映されるであろう。

　一方、受け手は伝達されたメッセージを受け取り、理解する役割を担う。送り手が記号化したメッセージは受け手に解読されない限りは意味を持たず、受け手が受け取り、理解して初めて送り手が発信したメッセージに意味が生まれる。メッセージの受信プロセスには、送り手同様、受け手の自己への態度、情報内容への態度、送り手への態度が影響する。記号化されたメッセージが送り手の意図した通りに受け取られるためには、受け手側の積極的態度や理解するスキルも求められる。送り手と受け手の双方が適切にメッセージを交換することによって円滑な対人関係が展開される[10]。

（4）コミュニケーション範囲の大きさ

　コミュニケーションは、さまざまな単位（大きさ）で行われている[11]。最も小さい「個人レベル」は、アスリートと指導者やチームメイトなどの他者との間に一対一で発生する相互作用である。さらに大きな「集団レベル」

では、例えば○○部といったチーム内での複数メンバー同士、あるいはチーム同士のやり取りが該当する。その単位が大きくなるにつれて、意思疎通を図る人数、構成が拡大化かつ複雑化する。それに伴い、考え方や背景が異なる多様な人々がコミュニケーションに参加することになるため、社会的文脈の共有度が小さくなり、求められるコミュニケーションの在り方やその特徴もより多様に変化していく。集団内で各々が持つ物事に対する価値観や前提となる考え方が多様化し、お互いを理解するために丁寧な説明や相互理解の確認作業を必要とするなど、効果的なコミュニケーションを図るためにかかるコストが大きくなり、より多くの努力を必要とする。

2　コミュニケーションの種類

　伝達される情報は、送り手によって記号化された集合体であり[12]、言語的コミュニケーション（verbal communication）と非言語的コミュニケーション（non-verbal communication）に大別される。実際の対人場面では、両者は意識的に区別されることなく、織り交ぜながらメッセージ交換がなされる。ここでは、スポーツ場面で発生する言語的コミュニケーションと非言語的コミュニケーションについて考えてみたい。

（1）言語的コミュニケーション
　言語はメッセージ伝達のチャネルの一つであり、主な機能として、伝達機能（送り手の欲求、感情、意思、意見など）、思考機能（言語使用による記憶、学習、思考の促進など）、行動調整機能（他者の行動促進や抑制など）がある[13]。練習場面ではチームメイトに自分の望むプレーや、相手に求める動きを言葉にして伝えること、指導者からアスリートへの指示や助言、練習中の技術指導などにおいて、言葉を用いた情報伝達が図られている。特に集団競技におけるチームプレーでは、こうしたコミュニケーションが試合での連携やパフォーマンスに直接的に関わるため、送り手と受け手の双方のメッセージを言語化する力とそれを理解する力が不可欠といえよう。
　伝えたいメッセージ内容がスムーズに理解されるためには、記号化段階においてその内容を正確に伝えるスキル、解読段階における相手の意図や感情を含めたメッセージ内容を正確に読み取るスキルが必要となる。言語メッセージ使用時には、相手の理解度に合わせて、用いる言葉を適切に選択し、うまく伝わるよう工夫することが求められる。特に指導者は、指導対象となるアスリートの年齢や発達段階に応じて、技術指導の内容や用いる言葉を慎

重に選定する必要があるだろう。その際、対象となるアスリートのコミュニケーションスキル、態度、知識レベルなどを多面的に観察し、メッセージを理解できているか、あるいは意図した通り的確に伝わっているかを確認することも重要であろう。

(2) 非言語的コミュニケーション

非言語的コミュニケーションでは言語以外のチャネルが用いられる。非言語的コミュニケーションは、視線、表情、姿勢、動作などの視覚的要因によるもの、声の大きさやトーン、話し方、間などの聴覚的要因によるものなどさまざまである。

スポーツ場面における代表的な非言語的コミュニケーションには、身体動作や接触行動がある。身体動作には、身ぶりや手ぶり、ジェスチャー、姿勢、顔面表情、視線、身体の動きや向きなどが含まれる。例えば、野球の試合で監督が手や顔を触ってバッターに出すサインや、バドミントンのダブルスゲームでサーブ時にペアを組む選手に対して出す手を使ったサイン、サッカーのゴール前のオフェンスでお互いの動きのタイミングを合わせるためのアイコンタクトなど、身体動作は戦術やパフォーマンスそのものに関わる重要な情報伝達に用いられている。また、情緒的なやり取りの場面では接触行動がしばしば見られる。例えば、試合の得点時にチームメイト同士がハイタッチや抱き合って喜びを表現することや、失点時に肩を叩くことによって、相手に対する励ましの気持ちを示すことなどが挙げられる。勝ち負けを競う競技スポーツでは、試合の状況や結果に起因する種々の感情表出の際にも非言語コミュニケーションが行われている。

非言語的コミュニケーションは、対象となる物事や人への感情、好意、態度の伝達には適しているが、複雑な情報を伝えることには適さないことから、論理的なメッセージの伝達には不向きとされる。また、非言語的メッセージは個人間で捉え方の相違が生じやすく、メッセージ内容の認識に食い違いが生じる可能性を持つことに注意する必要がある。

3 スポーツ場面で求められるコミュニケーション力

(1) 対人コミュニケーションスキル

対人コミュニケーションとは、「二者間で交わされる思考、感情、行動、関係性に影響し得るメッセージの交換を含むコミュニケーション」であり [14]、アスリート同士、アスリートと指導者などをつなぐ役割を果たす、

スポーツにおいて不可欠なものである。スポーツにおけるコミュニケーション能力は、「個人対個人、個人対集団、集団対集団の対人関係の場における、送り手として受け手に対してメッセージを発信・伝達する能力および受け手として送り手のメッセージを受信する能力」と定義されている[15]。その多面性をふまえると、自分の考えの発信が得意であっても、相手の言いたいことや意図することを読み取る力、また発信と受信の交換をスムーズに調整する力なくしては、コミュニケーションスキルが高いとはいえないだろう。すなわち、円滑なコミュニケーションには発信、受信、調整の複合的なスキルが求められるのである。

（2）アサーティブなコミュニケーション

　アサーティブなコミュニケーションとは、「自分の気持ち、考え、信念などを正直に、率直にその場にふさわしい方法で表現し、相手も同じように発言することを奨励しようとする態度」を基本として交わされるコミュニケーションである[16]。アサーティブな自己表現においては、自分の気持ちが相手にうまく伝わるように表現をすると同時に、相手の話を傾聴し、尊重することのバランスをうまく取ることが求められる。

　アサーティブではないコミュニケーションには、自分の意見や主張のみを重視して相手側の意見や要望を無視し、打ち負かすようなスタイルである「攻撃的な自己表現」と、相手を満足させるために自分の主張はせずに我慢する「非主張的（受身的）な自己表現」がある。攻撃的な自己表現は、コーチやチームメイトに対する不満などを言葉にするなど、言語的メッセージのみならず、相づちを打たずに目線をそらすなど、非言語的メッセージによって好意的でない態度を表現する場合も含まれる。一方の非主張的な自己表現は、自分の考えや意見を積極的に主張せず、相手や大多数の主張ばかりを優先させるスタイルである。具体的には、チームのミーティングなどで自分の考えを発言しない、あるいは周囲と同調する意見を述べるなど、相手の言い分を尊重するばかりで、自分の本心や言いたいことを我慢することである。いずれにおいても、相手か自分の一方しか尊重されていない状況が生まれるため、相互的かつ積極的なコミュニケーションには発展しにくい。どれほど質の高い練習をしても、指導者とアスリート、アスリート同士の信頼関係が確立され、意思疎通が図られていなければ、試合でのパフォーマンス発揮は期待できない[17]。そのため、スポーツ場面での他者との関係構築やまとまりのあるチームづくりにおいては、双方の考えや意見の主張が認められるアサーティブなコミュニケーションのスタイルが重要になるだろう。

(3) 指導者に求められるコミュニケーション力

　アスリートの競技における成功は、コーチの効果的なコミュニケーションによってもたらされるともいわれる [18]。指導者が競技に関する豊富な知識や優れた技術を有していても、それを伝達するための基礎となるコミュニケーション技能が不十分であれば、効果的な指導は行えない [19]。また、指導者とアスリートが考えを共有するためには、戦術決定の段階などの重要な場面において、お互いが本音で協議することが重要である [20]。コーチとアスリートとのコミュニケーションの土台には、「指導する側」「指導される側」という立場の違いがある。その前提のもと、指導者は自分が発するメッセージがアスリートに与える影響力の大きさを自覚し、慎重にコミュニケーションのスタイルを選択する必要があるだろう。また、指導者がアスリートに発するメッセージは言語的なものだけではない。指導者の何げない行動や無意識的な癖などの非言語的メッセージが、アスリートに与える影響を十分に理解しておくべきであろう。

　スポーツ場面におけるコーチの非言語的コミュニケーションを検討した研究 [21] によると、肯定的な非言語的コミュニケーションとして、肯定的対人距離（例：腕を伸ばせば、触れ合える距離で話す）、肯定的身体動作（例：ジェスチャーを交えて説明する）、肯定的身体接触（例：選手の背中に触れる）、肯定的表情（例：声に出して笑う）が挙げられている。一方、否定的な非言語的コミュニケーションとしては、非好意的印象形成（例：選手を見下ろしながら話す）、否定的態度（例：上半身を後ろに反り、椅子に浅く座る）、非受容的態度（例：ポケットに手を入れる）、困惑表出（例：手のひらを上に向けて両腕を広げる）が挙げられている。チームメンバーとの信頼関係を築くためにコミュニケーションを図ることは、指導者にとって必要な指導技術の一つである [22]。アスリートに対して言葉で伝えるメッセージ内容だけではなく、話すときの距離の近さや目線を合わせるかどうかなど、自らの身体がメディアとなることや相手に与える影響について考えてみることも重要となるだろう。

(4) トップアスリートに学ぶ競技者に必要なコミュニケーション力

　競技内外における困難な状況や不測の事態においても冷静に対応し、パフォーマンスを最大限発揮できるアスリートが持つ特徴の一つに、「対人関係力」が挙げられている [23]。具体的には、優れたアスリートは、自分の考えや理想とする動き、現状の課題を含む競技での体験、試合での勝敗の要因などを明確に言語化する力と、コーチなどの他者が伝えようとしているメッセージを素早く、的確に読み取る力など、質の高いコミュニケーション力を

有していることがハイパフォーマンススポーツのコーチを対象にしたインタビューにより示されている。コーチは競技に関する専門家ではあるが、実力発揮が求められる場面で実際にプレーをするのはアスリート自身であり、自らの競技体験の理解なくしては望ましい結果に結びつかない。

　また、発信する力は、現状の課題克服やスキル改善のために、自身の取り組みや課題をコーチと共有し、専門的な助言や有益な情報を引き出すために必要となる。先述のインタビュー結果によると、優れたアスリートは、提示された練習内容が自身の現在の課題解決に直結しないと感じた場合、どのような練習が必要かを主体的に考え、コーチに自身の言葉で説明したうえで、必要な練習を提案することができると報告されている。このようなアスリートの主体的な発信がコーチの持つ専門的知識をより多く引き出し、パフォーマンス発揮につながる意図性の高い練習をコーチと協働してつくり出すことにも貢献するだろう。さらに、相手が伝えようとしているメッセージを受け取る力は、指導者の言動や行動から素早くかつ的確にその意図や要点などを理解するために必要となる。例えば、練習中の技の習得や、ハーフタイムなどの限定的な時間内での対戦相手に関する情報や対策の理解において重要となる。アスリートは指導者の話に主体的な姿勢で耳を傾けることが求められる。すなわち、コーチの問いかけに反射的に同調するのではなく、指導者が意図することを十分に理解しようとし、コーチから提供される情報の活用可能性を吟味する態度が必要である。

2 スポーツ場面におけるソーシャルサポート

　指導者やチームメイト、メディカルスタッフなど、アスリートの周囲の他者からの支援をソーシャルサポートという。

1 ソーシャルサポートとは

（1）アスリートにとってのソーシャルサポート

　表彰台や競技引退などの競技生活を振り返る局面において、多くのアスリートが「支えてくれた人」の存在について言及する。ここで言及されるアスリートの支えとなる人は、指導者、チームメイト、メディカルスタッフ、栄養士、スポーツ心理学者などの競技場面で関わる関係者や専門家のみならず、両親や兄弟などの家族、友人、学校の先生といったスポーツ場面外のさ

まざまな他者が含まれる。心理学では、こうしたさまざまな周囲の他者からの支援をソーシャルサポート（Social Support）と呼ぶ。スポーツ領域における研究では、ソーシャルサポートがアスリートの精神的健康に影響すること[24]、スポーツ集団におけるアスリートの満足度やチームとしてのまとまりである集団凝集性に影響を及ぼすこと[25][26] が示されている。

　ソーシャルサポートは「フォーマルあるいはインフォーマルな支援的関係において、個人が利用可能と認識する、あるいは実際に提供される非専門家からの社会的資源」と定義される[27]。ソーシャルサポートは多面的に検討することが可能なゆえにさまざまな定義が存在するが、スポーツ分野においては上述の定義が多くの研究者に用いられている[28]。アスリートは競技内外で経験するさまざまな困難を乗り越え、目標達成に向けて取り組んでいく。そのプロセスにおいて重要な局面に多くの影響を与え、心の支えとなる人物は重要な他者（significant others）と呼ばれる。スポーツ分野におけるソーシャルサポート研究では、重要な他者との支援的関係や提供される支援がアスリートのメンタルヘルスやパフォーマンスに及ぼす影響について検討されている。

（2）ソーシャルサポートの種類

　スポーツ分野におけるソーシャルサポートは、その性質ごとに分類されており、情緒サポート、尊重サポート、情報サポート、物的サポートの4種類に分けられる[29]。情緒サポートは、心地よさや安心感、気にかけられていると感じる行動であり、チームメイト同士の「頑張って」という励ましや声かけなどが挙げられる。尊重サポートは、個人の自尊心や有能感を高める行動であり、具体的には個人の能力や行動を称賛すること、肯定的に評価することが含まれている。情報サポートは助言や具体的な指示であり、物的サポートは必要な道具や資金を提供するなどの実用的あるいは道具的な援助を指す。実際のスポーツ現場では、これらの4つのサポートはいずれか単一で認識される、あるいは享受されることは少なく、多くの場合は励ましながら（情緒サポート）、さらなる改善に向けた助言をする（情報サポート）というように、複数のタイプが同時に認識される、あるいは享受される実態がある。

（3）ソーシャルサポートの測定

　ソーシャルサポート研究では、個人が有する他者との関係の数やその種類を測定する「構造的側面」と、社会的資源が果たす役割を明らかにする「機能的側面」が検討されている[30]。構造的側面では、アスリートを取り巻く

支援的な関係（サポートネットワーク）の有無と、それらが個人の心理的側面に及ぼす影響が検討されている。これまでの研究において、多くのサポート提供者を持つアスリートは競技における受傷が少ないことも報告されており[31]、スポーツ場面におけるアスリートを支える存在やサポートネットワークの重要性がうかがえる。一方、機能的側面では、主に必要な場合に支援が利用可能であるという個人の信念である「知覚されたサポート」と、一定期間において個人が享受した支援である「受領されたサポート」の二側面からソーシャルサポートの役割が検討されている。

2　ソーシャルサポートの効果

（1）ストレス緩和モデルと主効果モデル

　ソーシャルサポートの働きを理解するための代表的な 2 つのモデル（ストレス緩和モデルと主効果モデル）がある。ストレス緩和モデルは、ストレスフルな状態においてソーシャルサポートが個人のストレス対処を促す特徴（ストレッサー脅威性や対処可能性の認知）がある。ストレスフルな状態において、サポート利用可能性を認識すること、あるいは実際にサポートを享受することによって、個人がその状況に対処し適応していくプロセスを支え、重篤な健康問題に陥ることを予防する。ストレスレベルが高い状態におけるソーシャルサポートはより重要とされており、ストレスフルな状況への適応に必要なサポートが求められる[32]。

　一方、主効果モデルはストレスの有無に関わらず、ソーシャルサポートが個人にポジティブな影響を与える可能性を示すモデルである。支援的な関係性を有することによって、自己価値の認識や自尊心が高まり、それが適応的な行動をもたらすという考え方である。スポーツ場面では、支援的な関係があることによってポジティブな感情やフロー状態を経験し、それがパフォーマンス発揮に結びつくことが示されている[33]。

（2）パフォーマンスやメンタルヘルスの維持・促進に及ぼす影響

　ソーシャルサポートは、競技におけるストレス対処[34]やバーンアウト、レジリエンス発揮やエリートアスリートとして成長するための要因として重要な役割を果たす可能性が示されている[35] [36] [37]。またソーシャルサポートは、集団凝集性（チームのまとまり）にも影響しうる要因であることが示されている[38]。さらに、アスリートの受傷後から競技復帰までのプロセスにおいてソーシャルサポートが担う役割や機能を検討する研究が国内外で進め

られている [39)40)41)42)]。「自分にはサポートをしてくれる人がいる」とアスリート本人が知覚することがバーンアウト防止、自信向上、パフォーマンス発揮につながることが示されており、知覚サポートに焦点を当てた研究が盛んに進められている [43)]。

　近年では、サポート享受がアスリートの競技における自信や情動にポジティブな影響を与えることも明らかになっている [44)]。また、日誌法を用いた 4 週間の他者との対話記録をもとに、大学生アスリートが享受したソーシャルサポートとそれに対する心理的反応について内容分析した研究結果より、他者の支援的発話は、感情生起、競技に対する動機づけや、自己理解の促進、競技や技術に関する理解の深化に影響しうることが示されている [45)]。こうした知見をまとめると、実際に実行されたサポート行動がアスリートの競技生活での適応において重要な役割を果たしていることがうかがえる。

　また、サポートの種類や提供者によって、その効果が異なる可能性が指摘されている [46)]。提供者の別なく尊重サポートはアスリートの自信向上に寄与する可能性が示されている一方、物的サポートはチームメイトから提供されると自信向上に寄与するが、指導者から提供されると自信を低下させる可能性が示されている [47)]。サポートの有効性はサポートの受け手、提供者、サポートの種類、提供される文脈によっても異なるため、これらの要因を複合的に考慮したうえで、効果的なサポートを見いだすためにさらなる検討が望まれる。

3 ソーシャルサポートの活用

(1) アスリートの立場から考えるソーシャルサポート

　アスリートにとってのソーシャルサポートとは、一方的に与えられるものではなく、必要に応じて自ら獲得していくものである [48)]。先述のハイパフォーマンススポーツのコーチを対象としたインタビューより、優れたアスリートは問題に直面した際、課題解決に必要な支援をうまく活用できる力を持っていることが指摘されている。例えば、技術面、栄養面、フィジカル面のコンディショニングに関する悩みを抱えたとき、誰からどのような情報を得ることが問題解決につながるかを分析して特定し、その獲得に向けて積極的にアプローチできるという。このように、利用可能な人的資源や情報を最大限に活用することは、アスリート自身が主体的にトータルコンディショニングに取り組むうえでも重要である [49)]。

（2）支援者の立場から考えるソーシャルサポート

　アスリートの主体性や自立心の欠如など、近年スポーツ現場で見聞される問題を鑑みると、サポート提供者は自らの支援行動がアスリートに与える影響を多面的に理解し、過不足のないサポート提供を心がける必要がある。サポート提供者側がアスリートのためを思って実行した行動であっても、その内容や程度が本人の必要とするものでなければ、支援としては認識されない。アスリートの求めているサポートの在り方と一致しない、一方的な"支援"の提供は、余計なお世話となり、むしろ悩みの種になる危険性もある。例えば、競技に関する専門家ではない保護者からの技術的な助言は支援としては受け取られず、ストレッサーとなった事例などが報告されている[50]。

　また、援助目的で行う行動が、目の前の問題解決に役立つかどうかだけでなく、長期的な視点からその必要性や有効性を検討するべきである。競技生活で直面する困難は、アスリートが考え、学び、試行錯誤を繰り返して成長する機会でもある。周囲の他者が過剰に問題解決の指示や支援を提供することは、アスリートが自ら考え、問題解決力を育む機会を奪うことにもなりかねない。アスリートが一人で対処することが困難な場面においては、問題解決に導く支援的な関わりは必要であるが、すぐに直接的な問題解決策を教示することがアスリートの主体性や自立を妨げ、成長する機会を奪ってしまうことになる場合もあることを理解しておくべきであろう。アスリート自身が問題を予防あるいは早期対処しながら、主体的に問題対処に取り組むための姿勢や知識、スキルを習得させる、いわば間接的な支援も求められる。その場の問題解決のみに焦点を当てた短期的な結果を期待するものではなく、困難な経験を通したアスリートの成長を見据えたサポートの在り方の模索が求められる。

引用文献

1 ）日本社会心理学会編『社会心理学事典』丸善　2009 年　p.254

2 ）Berlo, D. K. (1960) *The process of communication an introduction to theory*. Harcourt school,　23-24.

3 ）相川充・高井次郎『コミュニケーションと対人関係―展望　現代の社会心理学 2―』誠信書房　2010 年　p.3

4 ）前掲書 2)　23-24.

5 ）遠藤俊郎「スポーツにおける非言語的コミュニケーションを考える！」『体育の科学』第 60 巻 9 月号　杏林書院　2010 年　p.594-597

6 ）渡部宣裕「スポーツパフォーマンスとしての身体接触の効果」『桜文論叢日本大学法学部紀要』51　2000 年　p.149-164

7 ）深田博己『インターパーソナル・コミュニケーション―対人コミュニケーションの心理学―』北大路書房　1998 年　p.28

8 ）前掲書 7)　p.11

9 ）前掲書 2)　23-24.

10)　大坊郁夫編『社会的スキル向上を目指す対人コミュニケーション』ナカニシヤ出版　2005 年　p.157

11)　前掲書 1)　p.254

12)　前掲書 2)　9.

13)　前掲書 7)　p.49

14)　McCornack, S. (2007). *Reflect and Relate: An Introduction to Interpersonal Communication*. Bedford/St. Martin's, 11.

15)　日本スポーツ心理学会編『スポーツメンタルトレーニング教本　改訂増補版』大修館書店　2005 年　pp.73-77

16)　平木典子『三訂版　アサーション・トレーニング―さわやかな＜自己表現＞のために―』日本・精神技術研究所　2021 年　p.30

17)　JOC・日本体育協会監修、猪俣公宏編『選手とコーチのためのメンタルマネジメント・マニュアル』大修館書店　1997 年　p.163

18)　Cherubini, J. (2019) Strategies and communication skills in sports coaching. In M. H. Anshel, T. A. Petrie, and J. A. Steinfeldt (Eds.), *APA handbook of sport and exercise psychology*. American Psychological Association, 451-467.

19)　Onwumechili, C.(2017) Interpersonal communication and sport. *Sport communication an International Approach*. Routledge pp.19-20.

20)　前掲書 17)　p.165

21)　島崎崇史・吉川政夫「コーチのノンバーバルコミュニケーションに関する研究：コミュニケーション能力，およびコーチング評価との関連性」『体育学研究』第 57 巻第 2 号　日本体育・スポーツ・健康学会　2012 年　pp.427-447

22)　前掲書 17)　p.171

23)　久木留毅・野口順子・片上絵梨子・KEGELAERS Jolan・WYLLEMAN Paul「パフォーマンス向上につながる行動改善：ハイパフォーマンススポーツにおけるコグニティブレディネスに着目して」『体育学研究』第 66 巻　日本体育・スポーツ・健康学会　2021 年　pp.383-390

24)　土屋裕睦「スポーツ選手へのソーシャル・サポートの必要性と具体的内容」『コーチング・クリニック』12　ベースボール・マガジン社　1999 年　p.19

25)　Weiss, M. R., and Friedrichs, W. D. (1986) The influence of leader behaviors, coach attributes, and institutional variables on performance and satisfaction of collegiate basketball teams. *Journal of Sport Psychology*, 8(4), 332-346.

26)　Vincer, D. J. E., and Loughead, T. M. (2010) The Relationship Among Athlete Leadership Behaviors and Cohesion in Team Sports. *The Sport Psychologist*, 24 (4), 448-467.

27)　Cohen, S., Underwood, L. G., and Gottlieb, B. H. (2000) *Social support measurement and intervention: A guide for health and social scientists*. Oxford University Press.

28)　Freeman, P. (2020) Social support in sport. In Tenenbaum, G., and Eklund, R. C. (Eds.), *Handbook of sport psychology* (4th edition). Wiley, 447-463.

29) Rees, T., and Hardy, L. (2000) An Investigation of the Social Support Experiences of High-Level Sports Performers. *The Sport Psychologist*, 14(4), 327-347.

30) Rees, T. (2007) Influence of social support on athletes. In S. Jowett and D. Lavallee (Eds.), *Social psychology in sport*. London: Human Kinetics, 224-231.

31) Hardy, C. J., Richman, J. M., and Rosenfeld, L. B. (1991) The role of social support in the life stress/injury relationship. *The sport psychologist*, 5(2), 128-139.

32) Cutrona, C. E. and Russell, D. W. (1990) Type of social support and specific stress: Toward a theory of optimal matching. In B. R. Sarason, I. G. Sarason, and G. R. Pierce (Eds.), *Social support: An interactional view*. Wiley-interscience, 319-366.

33) Rees, T., Ingledew, D. K., and Hardy, L. (1999) Social support dimensions and components of performance in tennis. *Journal of Sports Sciences*, 17(5), 421-429.

34) Crocker, P. R. (1992) Managing stress by competitive athletes: Ways of coping. *International Journal of Sport Psychology*, 23(2), 161-175.

35) Gould, D., Tuffey, S., Udry, E., and Loehr, J. (1996) Burnout in competitive junior tennis players: II. qualitative analysis. *The Sport Psychologist*, 10(4), 341-366.

36) Fletcher, D., and Sarkar, M. (2012) A grounded theory of psychological resilience in Olympic champions. *Psychology of Sport and Exercise*, 13(5), 669-678.

37) Rees, T., Hardy, L., Güllich, A., Abernethy, B., Côté, J., Woodman, T., Montgomery, H., Laing, S., and Warr, C. (2016) The Great British Medalists Project: A review of current knowledge on the development of the world's best sporting talent. *Sports medicine*, 46(8), 1041-1058.

38) Westre, K. R., and Weiss, M. R. (1991) The relationship between perceived coaching behaviors and group cohesion in high school football teams. *The Sport Psychologist*, 5(1), 41-54.

39) Bianco, T. (2001) Social support and recovery from sport injury: Elite skiers share their experiences. *Research quarterly for exercise and sport*, 72(4), 376-388.

40) Katagami, E., Fujimura, K., Aita, S., and Tsuchiya, H. (2018) Development of the Social Support Questionnaire for Injured Athletes (The SSQIA). *International Journal of Sport and Health Science*, 18, 161-171.

41) Roy-Davis, K., Wadey, R., and Evans, L. (2017) A grounded theory of sport injury-related growth. *Sport, Exercise, and Performance Psychology*, 6(1), 35-52.

42) Salim, J., Wadey, R., and Diss, C. (2015) Examining the relationship between hardiness and perceived stress-related growth in a sport injury context. *Psychology of Sport and Exercise*, 19, 10-17.

43) Rees, T., and Freeman, P. (2009) Social support moderates the relationship between stressors and task performance through self-efficacy. *Journal of Social and Clinical Psychology*, 28(2), 244-263.

44) Freeman, P., Coffee, P., Moll, T., Rees, T., and Sammy, N. (2014) The ARSQ: the athletes' received support questionnaire. *Journal of sport & exercise psychology*, 36(2), 189-202.

45) Katagami, E. (2013) An examination of types of social support in student athletes' sport-related communications: qualitative analysis of the content and impact of supportive messages. Unpublished thesis. University of Portsmouth.

46) 前掲書 28)　447-463.

47) Katagami, E., and Tsuchiya, H. (2017) Effects of Received Social Support on Athletes' psychological well-being. *International Journal of Sport and Health Science*, 15, 72-80.

48) 中込史郎編『スポーツパフォーマンス心理臨床学—アスリートの身体から心へ—』岩崎学術出版社　2021 年 p.269

49) 日本スポーツ振興センター・ハイパフォーマンススポーツセンター編『アスリートのためのトータルコンディショニングガイドライン』日本スポーツ振興センター・ハイパフォーマンススポーツセンター　2023 年　p.72

50) McKay, J., Niven, A. G., Lavallee, D., and White, A. (2008) Sources of strain among elite UK track athletes. *The Sport Psychologist*, 22(2), 143-163.

①スポーツ場面におけるコミュニケーションの具体例を挙げてみましょう。

....

....

....

②チームメイトとアサーティブなコミュニケーションを図るために、気をつけるべき
　点や配慮すべき点を具体的に挙げてみましょう。

....

....

....

③スポーツ場面において、アスリートが直面し得る困難な状況や問題を一つ挙げ、そ
　れに対して有効だと思う支援（誰からのどのようなサポート）を具体的に挙げてみ
　ましょう。

....

....

....

アスリートの受傷後の成長を促す
ソーシャルサポートを考える

アスリートにとって、けがによる長期的な競技離脱は競技生活やアスリートキャリアに多大な影響を及ぼす重要な課題となる場合もあります。傷害の部位や種類によっては、手術や術後の身体活動制限を伴う場合もあり、そのような状況でチームの練習から離れてリハビリテーションに取り組むことは、大きな心理的負担になります。さらに、「復帰しても元のようにプレーできないのではないか」という不安や再受傷の懸念などが、リハビリテーション専心に対するモチベーション低下につながることもあります。こうした不安が競技復帰への焦りとなり、完治前に痛みや違和感があるにもかかわらず競技復帰してしまうケースも実際に起こっています。

このような危機的な局面でのアスリートの適応において、アスレティックトレーナーなどの専門家からの助言やチームメイトからの励ましなど、周囲の他者からの支援的関わりが重要な役割を果たします。これまでの研究ではソーシャルサポートが受傷後の不安や抑うつ症状の緩和、競技復帰への動機づけに寄与することが示されています。受傷したアスリートへのサポートとしては、受傷部位の治癒や身体的回復、治療に関する知識を提供する「回復・コンディショニングサポート」、過度な特別扱いをせずに普段通り接するなど、アスリートとしてのアイデンティティを維持させる「尊重サポート」、痛みや競技に参加できない苦しみと一定の距離を保ち、気が紛れるよう働きかける「情緒サポート」、チーム内で受傷アスリートの居場所を提供する「所属サポート」が挙げられています[1]。

受傷後から競技復帰までのプロセスにおいて必要となるサポートの種類は段階ごとに異なり、直後は受傷の衝撃や悲しみへの共感的な関わり（励ましや慰めなど）、けがの受容を促す関わりが求められますが、回復が進むと、競技復帰に向けたより具体的な助言などが多くなります。情緒サポートは家族やコーチなどの身近な他者から、情報サポートはメディカルスタッフなどの専門家から提供されることが多く、各段階において必要とされるサポート内容とその提供者が異なる場合があります。また、必要なサポートは、受傷部位や重症度、競技離脱期間、受傷前の競技レベルなどの影響を受けます。さらに、リハビリテーションの段階ごとに痛みの程度、身体活動の制限範囲や心理的状態は変化し、そのニーズも変わっていきます。今後においては、こうした要因を考慮しつつ受傷アスリートにとって有効なサポートを検討していくことが必要になるでしょう。

近年では、受傷経験をきっかけとして、身体面の入念なケアやコンディショニングに励むようになったり、競技ができることの喜びを再認識したりするなど、スポーツ傷害関連の成長（Sport Injury Related Growth）を経験するアスリートが報告されています[2][3]。このように、受傷経験が競技者としてのアイデンティティを再考したり、自らの取り組み姿勢や競技環境に改めて目を向ける機会となり、競技復帰後に力となる気づきや学びを得る場合もあります。今後アスリートは、受傷経験を通して、さらなる身体的・心理的・社会的側面の成長を促すサポートの在り方を考えることも必要になるでしょう。

［引用文献］
1）相川充・高井次郎『コミュニケーションと対人関係―展望　現代の社会心理学 2―』誠信書房　2010年　p.3
2）Salim, J., Wadey, R., and Diss, C. (2015) Examining the relationship between hardiness and perceived stress-related growth in a sport injury context. *Psychology of Sport and Exercise*, 19, 10-17.
3）Rees, T., and Freeman, P. (2009) Social support moderates the relationship between stressors and task performance through self-efficacy. *Journal of Social and Clinical Psychology*, 28 (2), 244-263.

第13章 チームをつくる

なぜこの章を学ぶのですか？

　スポーツにおけるチームでは、メンバーがチームに影響を与え、チームがメンバーに影響を与えるといわれています。この積み重ねにより、チームは形成されます。どのような点に注意し、チームをつくることが求められるのでしょうか。本章では、チームの構造について理解し、より良いチームを構築するポイントについて学んでいきます。

第13章の学びのポイントは何ですか？

　本章の具体的な学びのポイントについては、下の二次元コードから動画を視聴してください。そして、そのうえで下記の「考えてみよう」にも取り組んでみてください。

＼＼ 考えてみよう ／／

① チーム力を高めるには、どのような点に注意する必要があると思いますか。あなたが考える注意すべき点をいくつか書き出してみましょう。

② より良いチームをつくるには、メンバーにどのような行動が求められると思いますか。あなたの考えを述べてみましょう。

1 スポーツにおけるチーム

スポーツでは、チームと集団を同義として扱うことが多いが、位置づけとしては、チームが集団の一つの形態であるといわれている。チームを構成する要素には、「達成すべき明確な目標の共有」などがある。

1 集団の一形態であるチーム

本章での学びをスタートする初めの段階として、まずは「チーム」の定義について考えてみたい。なぜ、「チーム」の定義から確認するのかというと、「チーム」の定義を理解すれば、「チームをまとめ」て、高いパフォーマンスを発揮するための課題の抽出とアプローチの方法が見えてくると考えられるからである。

「チーム」は、「集団」の一つの形態である。「集団」とは、「①二人またはそれ以上の人々から構成され、②それらの人々の間に相互作用やコミュニケーションがみられ、③何らかの規範が共有され、④地位や役割の関係が成立し、⑤外部との境界線を設定して一体感を維持している人々から成立する社会システム」[1] である（図 13-1）。

図 13-1　集団のイメージ図

出典　山口裕幸『チームワークの心理学』サイエンス社　2008 年　p.10

2 チームとは

「チーム」は、「価値ある共通の目標や目的の達成あるいは職務の遂行のために、力動的で相互依存的、そして適応的な相互作用を行う二人以上の人々からなる境界線の明瞭な集合体である。なお各メンバーは課題遂行のための役割や職能を割り振られており、メンバーである期間は一定の期限がある」[2]ものである。

また、山口裕幸によると、チームと呼ぶための条件として、4つの要素が満たされる必要があると指摘している[3]。第1の要素は、チームとして達成すべき目標が存在することで、むしろ達成すべき目標があるからこそチームを組むと考えるべきである。チームの目標は、曖昧なものではなく、明確であると同時に、メンバーにとって共通の価値あるものであり、メンバーの誰もが認識している必要がある。第2の要素は、メンバー同士は協力し合って課題や作業に取り組むとともに、チームの目標達成のためには互いに依存し合う関係である。つまり、自分一人で課題や作業の遂行が完結するのではなく、ほかのメンバーとコミュニケーションを取り合い、相互作用のありようも多様に変化させ、あくまで協力し合いながら課題や作業を遂行することがメンバーには求められる。第3の要素は、各メンバーに果たす役割が与えられていることである。これは第2の要素と深く関連しており、効率よくチームの目標を達成し、課題を遂行させるためには、チームではメンバーに役割を与えて、その役割を十分に果たせるような技能を発揮することを求める。チームのメンバー間の関係は、役割によって強く規定されることになる。第4の要素は、チームのメンバーとそれ以外の人々との境界線が明瞭

図 13-2　チームと呼ぶための条件

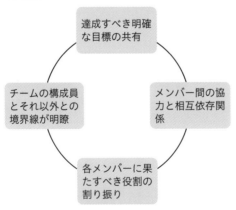

出典　図 13-1 に同じ　p.12

であることで、チームのメンバーは誰なのか、メンバー同士が互いを明確に認識できていることである。メンバーは一定期間を経て次第に入れ替わるが、チームの境界線は維持され続ける（**図 13-2**）。

2 チームワークとチームをつくるアプローチ

　スポーツにおいては、チームワークと呼ばれる、チームの目的を達成するためにメンバー間で協力することが求められる。また、チームワークを発揮するまでの過程である凝集性を高めたり、チームとしての自信を意味する集合的効力感を高めたりすることは、スポーツのチームづくりにとって大切なポイントである。

1 チームワーク

　チームワークは、「系（システム）あるいは全体的状況という枠組みの中での、成員相互の関係の全体としてまとまった働き」[4] と定義されており、スポーツではチームが掲げる目的のためにメンバー間で協力してパフォーマンスを発揮することといえるだろう。チームワークの考えのもとでは、メンバー個々の技術の単純合算（集合）がチームの技術や成果に直接結びつくのではなく、それらの関連の仕方、させ方が大きく影響をするといった捉え方ができる[5]。したがって、チームワークを発揮するための過程に注目することは重要であり、そのアプローチを追及することには意義がある。

　チームワークを発揮するまでの過程は凝集性と呼ばれており、レビン（Lewin, K.）によって凝集性はまとまりを示す概念として示されている[6]。また、メンバーを自発的に集団に留まらせる力の総体として集団凝集性が定義されている。キャロン（Carron. A. V.）らは、スポーツを対象とした集団凝集性の研究で、集団凝集性を集団の統合と集団に対する個人的魅力に大別しており[7]、さらに集団凝集性の詳細な特徴について検討している。

　また、チームワークの発揮に影響を及ぼす概念として、集合的効力感がある。集合的効力感は、「あるレベルに到達するため必要な一連の行動を、体系化し、実行する統合的な能力に関する集団で共有された信念」[8] と定義されており、「チームとしての自信」と言い換えられるだろう。実際、集合的効力感がチームのパフォーマンスの結果に影響を及ぼすことが明らかにされている[9]。

　以上のことから、より良いチームをつくるためには、「チームとしての統合」

や「チームへの個人魅力」、「チームとしての自信」を大切にすることが求められるだろう。

2 チームをつくるアプローチ

（1）チームビルディングとは

　近年、より良いチームをつくるアプローチとして、**チームビルディング**が注目されている。チームビルディングとは、行動科学の知識や技法を用いて組織力を高め、外部環境への適応力を増したり、チームの生産性を高めたりするような一連の介入方略を総称したものである[10]。スポーツにおけるチームビルディングの主な目的は、チームとしての生産性を高めることである。チームビルディングには、プログラムを企画して実行する担当者が直接チームメンバーに関わる直接的アプローチと、担当者が直接チームメンバーに関わらない間接的アプローチがある。なお、間接的アプローチは、組織風土へのアプローチといわれ、インストラクターやコーチに対するコンサルテーション（情報提供や相談）が活動の中心である[11]。

　土屋裕睦は、チームビルディングの具体例を5つ挙げており[12]、それらは①リーダーシップ行動の改善による方法、②チーム目標の設定を通じた方法、③問題解決を通じた方法、④冒険キャンプの要素を取り入れた方法、⑤ソーシャルサポートを強化させる方法から構成されている。具体的な内容は以下の通りである。

　①リーダーシップ行動の改善による方法として、プログラムを企画して実行する担当者は、リーダーシップ理論に基づき、指導者のリーダーシップ行動を評価し、発揮できない機能を特定して改善を試みる方法がある。なお、コミュニケーションスキルの改善に焦点を当てた方法もある。②チーム目標の設定を通じた方法として、チーム目標とメンバーの個人目標を関連づけることで、チームのモラール（士気）を高める方法がある。具体的には「他者の意見を批判しない」などのルールを決めて、個人目標を自由に発言させる。その後、メンバーの目標を意味内容ごとに分類・整理・図示しながら、チーム目標としてまとめていく。③問題解決を通じた方法として、チームが遭遇する問題状況をチームメンバーで力を合わせて解決する方法がある。この方法では、チームが一時的に不安定になることがあるため、グループダイナミックスに精通したスポーツ心理学の専門家が担当することが好ましい。④冒険キャンプの要素を取り入れた方法として、問題解決を通じたチームビルディングのうち、特に冒険キャンプの要素を取り入れて課題状況を設定し、チー

ムで力を合わせて克服するといった方法がある。代表的なものとしてプロジェクトアドベンチャーがある。これは、体験学習を重視する野外活動から派生した方法であり、近年、スポーツチームへの適用が拡大している。⑤ソーシャルサポートを強化させる方法として、メンバー間の心理的絆（サポートネットワーク）を強化することで、相互信頼関係を構築し、協力してチーム目標の達成を目指す方法がある。

（2）目標設定

　チームの目標を明確化することは、チームの成功にとって最も重要な予測因子であることがこれまでの研究で明らかにされている。しかし、チームの目標が重要だと知っていても、明確な目標がなかったり、メンバー間で目標が一致していなかったり、雰囲気が良いだけの曖昧な目標を立てていたりすることがある。チームの目標は、明確でやりがいのあるものにする必要があり、可能であるならばメンバーが関わり設定することが理想的であるとされている。目標設定には、チームのビジョン、ミッション、さらには目的の明確化が重要で、それらに時間をかけることによって、チームメンバーが職務においてより効果的かつ創造的になる機会が得られるとされている。

　ビジョンとは、チームがどのようになりたいか、どのような方法でどのように社会に影響を与えたいのかなどのアウトラインのことで、未来に焦点を当て感動を呼び起こすものである。また、ビジョンは、チームメンバーの価値観と関連づけられるべきものである。そして、ミッションとは、チームの根本的な目的を明確化することで、対象は誰なのか、職務において重要なプロセスは何かなど、チームのパフォーマンスとして望ましいレベルを特定することである。

　チームの目標は、チームメンバーの具体的な行動を示す、より詳細なアクションプランを促すことにつながる。目標を具体化するためのキーポイントは、①目標が明確であるべき：チーム全員が目的を理解し、ズレがないこと、②目標はやりがいがあるものであるべき：低すぎず高すぎない達成可能な目標を設定すること、③目標は測定可能であるべき：例えば、タイム設定やパス成功率、シュート成功率など、チームのパフォーマンスが評価できること、④目標はチームメンバー全員に共有され、理解されるべき：チームのメンバーの一人一人が、「自分の言葉」で目標について語ることができること、⑤チームメンバーは目標設定に参加すべき：目標に対するコミットメントが高まる、⑥目標の数は 6 ～ 7 個以下であるべき：目標が多すぎると優先順位を失い結果的に効果が低くなる、⑦目標の一つをチーム間のチームワーク向上に焦点を当てたものにすべき：組織内の部門が一つになる、チームが効果的に連

動して相互作用を起こす目標設定、⑧目標は期間に基づいたものにすべき：チームの目標は年間で設定し、その中でイベントに合わせて短期の目標を設定していくこと、の8つである。

（3）対話の重要性

　チームで目標を達成するために高いパフォーマンスを発揮するには、個々のメンバーがチームの目的をよく理解して、コミュニケーションを取り合いながら、必要に応じて互いの考えや行動、態度などを調整し合うことが必要不可欠である。

　ロナルド・A・ハイフェッツ（Ronald A. Heifetz）は、既存の方法で解決できる課題を「技術的問題」とし、既存の方法では一方的に解決できない複雑で困難な課題のことを「適応課題」と定義している[13]。我々が直面する課題は多岐にわたるが、現代は知識や技術があふれている社会であるため、インターネットを利用し検索すれば技術的問題は解決できることが多い。しかし、私たちが解決困難だと感じる適応課題は、見えない問題、向き合うことが困難な問題である。

　スポーツ場面においても、チームがまとまり高いパフォーマンスを発揮するためには、「技術的問題」ではなく、常に「適応課題」がつきまとっていると考えられる。宇田川元一は、この適応課題を解決する方法を「対話」とし、「新しい関係性を構築すること」だとしている[14]。チームを「もの」として考えるのではなく、私たちが活動している「関係性」そのものであると捉えることが重要なのである。チームがまとまらず高いパフォーマンスが発揮できないチームは、プレイヤー・スタッフ・フロントがお互いを理解しているようで、実は理解しきれておらず、その関係性がパフォーマンス発揮を妨げる適応課題を生み出している可能性がある。お互いに分かり合えていないことを認めて対話をすることが大切である。

（4）グループダイナミックス

　チームをまとめるうえでは、チーム内におけるグループダイナミックス（集団力学）を理解することが求められる。グループダイナミックスとは、集団構造の中で発生する人々の思考や行動を指しており、レビンにより研究されている[15]。組織は目的を共有する複数人によって構成・運営されており、組織に働く人々は、互いに物理的、また心理的に影響を及ぼし合っている。個人競技であれ、集団競技であれ、選手はチームに所属している以上は、他のメンバーと相互に影響し合う関係である。人の行動や思考は集団から影響を受け、逆に集団に対しても影響を与えるとされており、人が集団になった

ときには個人がそれぞれに考え・行動するのではなく、集団から生じる圧力に影響を受け、思考や行動が決定される。集団圧力の大きさは、集団凝集性が高まると増す傾向があり、また、自分と同意見が少なくなるほど集団圧力の影響が高まり、斉一性の圧力（集団の意見に同調するよう働きかける集団圧力）の影響を受け意思決定をするようになる。

●コンセンサスゲーム

　第 2 節の終わりにコンセンサスゲームというグループワークに取り組んでみたい。コンセンサスゲームの第一の目的は、その名の通り「合意形成」を行うことである。効率よくチームの目標を達成し、課題を遂行するためには、チームのメンバーに役割を与えて、その役割を十分に果たせるようにすることが重要で、本節で学んだ内容に加えて、それぞれの持ち味を引き出し、発揮させることでチームのパフォーマンスが高まる。

　このゲームプロセスを通じて、グループで合意することの難しさを体験し、個人とグループの回答を比較して、どちらが良い結果なのかを確認する。また、このゲームでは、チームで協働することの大切さ、一人一人の能力を持ち寄りまとめる重要性について認識することをねらいとする。

NASA ゲーム

【ストーリー】
あなたは宇宙船に乗って月面に着陸しようとしている宇宙飛行士です。月面には母船が待っていますが、機械の故障で母船から約 300km 離れた所に不時着してしまいました。不時着時の衝撃で、宇宙船はほとんど壊れて動きません。しかし、次の 15 アイテムは壊れずに残っていました。母船に無事たどり着くために、これらのアイテムすべてに重要度の高いものから順位をつけてみましょう。

【15 のアイテム】
　マッチ（箱付き）
　宇宙食
　ナイロン製ロープ（15m）
　パラシュート
　ソーラー発電式携帯用ヒーター
　45 口径ピストル（2 丁）
　粉ミルク（1 箱）
　酸素ボンベ（2 本）
　月面用の星座表

自動で膨らむ救命ボート
　　　方位磁石
　　　水（20 リットル）
　　　照明弾
　　　注射器入り救急箱
　　　ソーラー発電式 FM 送受信機

【課題 1】
それぞれ個人で回答を考えてください（制限時間 10 分）。

【課題 2】
課題 1 の後、グループで話し合い、グループとしての回答を決定してください（制限時間 30 分）。

3 スポーツにおけるリーダーシップ

　リーダーシップとは、チームとしての共通の目標達成に向けて、個人がチームのメンバーに影響を及ぼす過程のことである。リーダーシップの理論はさまざまにあるが、近年、変革型リーダーシップがスポーツにおいて注目されている。

1 リーダーシップとは

　より良いチームをつくるには、良いリーダーの存在が必要であると考えられており、その役割を担う指導者やキャプテンなどにはリーダーシップが求められている。リーダーシップとは、チームとしての共通の目標達成に向けて、個人がチームのメンバーに影響を及ぼす過程のことである。なお、リーダーシップの過程において、チームの中心的な役割を担うリーダーには、公式リーダーと非公式リーダーが存在するといわれている。指導者やキャプテンなどの役割があるリーダーは公式リーダーと呼ばれ、公式な役割がないリーダーは非公式リーダーと呼ばれている。非公式リーダーには高いパフォーマンスでチームを引っ張ったり、チームの雰囲気を良くしたりするような役割がある。また、非公式リーダーは、公式リーダーと同程度にチームに影響を与えると認識されている[16]。

2 スポーツのチームづくりで重要な リーダーシップの理論

　ここではリーダーに求められる特徴について理解し、スポーツのチームを効果的につくるための視点として重要な 3 つのリーダーシップの理論を紹介したい。

（1）変革型リーダーシップ理論

　近年、スポーツにおいて注目されているのが変革型リーダーシップである。報酬を与えることや罰を与えることなどの社会的な交換によってフォロワーに影響を与えるリーダーシップは、処理型リーダーシップと呼ばれているが、変革型リーダーシップは、フォロワーの成長を目標にすることで課題への動機づけを高め、人間関係を構築することを重要視している。なお、変革型リーダーシップは理想化された影響、鼓舞する動機づけ、知的刺激、個別配慮という 4 種類の行動によって構成されている[17]。リーダーがこれらの 4 種類の行動を意識的に取り組むことで、メンバー間のコミュニケーションは良好になり、チームの集団凝集性や集合的効力感が高まる可能性があるだろう。

（2）多角的リーダーシップ理論

　リーダーとしてメンバーから求められる行動や好まれる行動を考慮するのが多角的リーダーシップである。多角的リーダーシップは、変革型リーダーシップが基準になっているが、チーム状況やメンバーから求められる行動、好まれる行動が実際のリーダーの行動と重なった場合に、チームのパフォーマンスや満足感は高まるといわれている[18]。つまり、リーダーが効果的にチームをつくるためには、チームの状況やメンバーから求められる行動と好まれる行動などのさまざまな要因にも注意を払うことが重要である。

（3）役割機能に関する理論

　リーダーには、課題リーダー、社会的リーダー、動機づけリーダー、外的リーダーという 4 つの役割が存在するといわれている[19]。これまでのリーダーシップに関する多くの研究をみると、1 人のリーダーがすべての役割を担っていることはあまりなく、リーダーの役割は分散して共有する必要があると考えられている[20]。さらには、公式リーダーがすべてのリーダーの役割を担うのではなく、さまざまなメンバーが個々の特長を考慮し、リーダーとして活躍できるようなチームづくりが求められるだろう。

引用文献

1 ）藤永保編『新版 心理学事典』平凡社　1981 年　pp.361-365

2 ）Salas, E., Dickinson, T.L., Converse, S.A., and Tannenbaum, S.I. (1992) Toward an understanding of Team performance and training. In R. W. Swezey, and E. Salas(Eds.), *Teams: Their training and Performance*, Norwood, Nj: Ablex Publishing Corporation, 3-29.

3 ）山口裕幸『チームワークの心理学―よりよい集団づくりをめざして―』サイエンス社　2008 年　pp.11-14

4 ）松田岩男編『運動心理学入門』大修館書店　1976 年　pp.212-213

5 ）日本スポーツ心理学会編『スポーツメンタルトレーニング教本　三訂版』大修館書店　p.146

6 ）Lewin, K. (1943) Psychology and the process of group living. Journal of Social Psychology, 17(1), 119-129.

7 ）Carron. A. V., Widmeyer, W. N., and Brawley, L. R. (1985) The development of an instrument to assess cohesion in sport teams: The Group Environment Questionnaire. *International Journal of Sport Psychology*, 7(3), 244-266.

8 ）Bandura, A. (1997) *Self-efficacy: The exercise of control*. W. H. Freeman.

9 ）Feltz, D. L., and Lirgg, C. D. (1998) Perceived team and player efficacy in hockey. *Journal of Applied Psychology*, 83(4), 557-564.

10）日本スポーツ心理学会編『スポーツ心理学事典』大修館書店　2008 年 pp.304-305

11）前掲書 10) pp.304-305

12）前掲書 10) pp.304-305

13）ロナルド・A・ハイフェッツ、マーティ・リンスキー（野津智子訳）『新訳　最前線のリーダーシップ―何が生死を分けるのか―』英治出版　2018 年　p.47

14）宇田川元一『他者と働く―「わかりあえなさ」から始める組織論―』NewsPicks パブリッシング　2019 年 pp.6-7

15）前掲書 6) pp.119-129.

16）Fransen, K., Van Puyenbroeck, S., Loughead, T. M., Vanbeselaere, N., De Cuyper, B., Vande Broeck, G., and Boen, F. (2015) Who takes the lead? Social network analysis as a pioneering tool to investigate shared leadership within sports teams. *Social Networks*, 43, 28-38.

17）Bass, B. M., and Riggio, R. E. (2006) *Transformational leadership (2nd ed.)*. Psychology Press.

18）Martin, S. B., Jackson, A. W., Richardson, P. A., and Weiller, K. H. (1999) Coaching preferences of adolescent youths and their parents. *Journal of Applied Sport Psychology*, 11, 247-262.

19）Fransen, K., Vanbeselaere, N., De Cuyper, B., Vande Broeck, G., and Boen, F. (2014) The myth of the team captain as principal leader: extending the athlete leadership classification within sport teams. *Journal of Sports Science*, 32, 1389-1397.

20）前掲書 18) 1389-1397.

参考文献

・宇田川元一『組織が変わる―行き詰まりから一歩抜け出す対話の方法 2on2―』ダイヤモンド社　2021 年

・産業・組織心理学会企画、角山剛編『組織行動の心理学―組織と人の相互作用を科学する―』北大路書房 2019 年

・日本スポーツ心理学会編『スポーツ心理学事典』大修館書店　2008 年

┌ 学 び の 確 認 ─────

①チームに必要とされる４つの要素を挙げてみましょう。

....
....
....

②あなたが利用したいチームビルディングの具体的な方法を挙げてみましょう。また、
　その方法の留意点も述べてください。

....
....
....

③３種類のリーダーシップ理論の特徴をそれぞれに述べてください。

....
....
....

サッカー日本代表選手が求める理想の監督とは？

進藤文香と筆者は2016（平成28）年に、"理想のリーダー像"とは一体どのようなものかについて研究を行いました（以下「進藤・續木（2016）」）。人は学校、企業、自治体など多種多様な集団に所属しながら生活しており、集団や組織は、社会生活において切り離せないものです。社会が常に変動を続ける中、現在必要とされる"理想のリーダー像"とは一体どのようなものなのでしょうか。

近年、企業の組織づくりをする際、スポーツチームの組織に例えることが増えています。特にサッカーチームは理想とするプロスポーツ集団といわれています。そしてサッカーには、チーム運営、変革推進、リーダーシップ発揮、グローバル人材開発というように、ビジネスの現場で直面している課題解決のヒントがそこかしこにあふれかえっています[1]。そうしたビジネス以上に結果が求められ、最高のパフォーマンスを期待される状況下で、プレーヤーの性質・特性を見極め、生かしながら、チームとして結果が求められる"プロスポーツチームの監督"にはどのような資質があるのでしょうか。

進藤・續木（2016）での研究対象となる競技種目はサッカーになり、その理由としては、以下の2点が挙げられます。①「集団競技の中でも、サッカーは競技人口および国際的な認識が最も高いスポーツの一つであり、文化や宗教が違っても国境を越えて楽しめるスポーツであること」、②「サッカーは刻々と変化する状況から情報収集をしており、自己判断、他者と連動して動くことの重要性が高いこと」です。以上のことから進藤・續木（2016）では、プロサッカー選手にインタビュー調査を行い、「理想の監督像」の構造について検討しています。

調査対象者は、プロサッカー選手（A選手）で、元日本代表選手でした。A選手は、①「プロサッカー選手歴14年であり、ベテランである」、②「これまでに13人もの監督から指導を受けてい

る」、③「日本代表も経験しており、著名な監督の指導を多く受けている」、これら3つの要素を有していることからA選手を選出しました。A選手が求める理想の監督に必要な要素としては、「ヒューマニズム」「観察」「訓育」「承認」「支援」「哲学」「情熱」の7つのカテゴリーに分類されました（図13-3）。さらに、この7つのカテゴリーは「チームの成熟」「選手自身の成長」という2つの大きな要素を持っています。

古川久敬は人事評価を「組織と個人の成長を確実にするマネジメント」に生かしていくことを目標とし、ビジネス界における「組織と個人」の成長の重要性を示した研究を行っています[2]。古川によると卓越したビジネスモデルが安定的かつ効果的に遂行され、成果が挙げられるかどうかは、必要にして十分な「個人力」（個々の成員の能力と意欲）と「チーム力」（チームとしての意欲と能力）の2つが組織能力として備わっていなければならないといいます。プロスポーツチームの監督となると、単に選手自身のサッカー技術向上を目指すのではなく、常に勝利という結果を追い求めなければなりません。そして観客を楽しませなければなりません。必要なのは、チームの順位を上げてくれる監督です。そしてそこにおけるガバナンスには、ファンあるいはサポータの意思がメディアを通じて反映され得るというのが、事業会社にはないスポーツの特徴になります[3]。A選手は特定の監督を指し「プロの監督なんだけど、すごく育成、選手の成長の部分にすごく生きがいを感じてる人だと思う」と述べ、そこに監督の魅力を感じるとも述べていました。

これまで「選手個人の成長」の必要性は、ジュニア期のスポーツ指導者を対象とする研究に多く見られています。石井源信らはジュニア期の優れた指導者を対象とし、「人間的成長」を中心とした「努力」「自主性」「感謝」の3つの観点から指導理念の構造を明らかにしています[4][5][6]。

また北村勝朗らは、研究対象者である高等学校の指導者が、自身のコーチングの役割を選手の人間的成長とサッカーのパフォーマンス向上と捉え、そのために選手のスキル獲得および選手の自立に向けた指導行動を実践している点を示唆しています[7]。

　前述したように、プロスポーツチームでは「チームの成熟」に重きを置かなければなりません。しかしそのような状況でも、選手個人に焦点を当て、選手自身の成長を目的とする監督は、やはり選手にとって魅力的といえるでしょう。さらに、A選手は「ぶれない信念。その監督のサッカーに対する考え方。別にそれは、俺はどんなサッカーでもいいと思ってる」と述べています。また、「監督に自分の基準をつくってほしい。別にチームの状況がどうだとか、そんなこと合わせなくても。それを監督の仕事だと思ってるしさ」とも述べています。このことから、選手は監督それぞれのスタイルに対して善し悪しの判断を行っているわけではなく、監督が自身のスタイルをどれだけ強い芯を持って貫けるか、明確に示せるのかが魅力的な監督の条件として重要であるといえるでしょう。

図 13-3　求められるリーダーシップの図解化

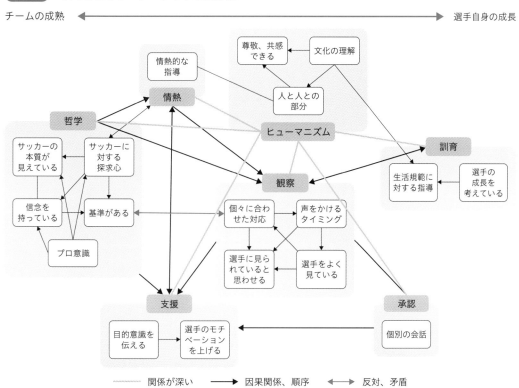

［引用文献］

1）松村卓朗『勝利のチームマネジメント―サッカー日本代表監督から学ぶ組織開発・人材開発―』竹書房 2014 年

2）古川久敬「組織と個人の成長を促進するための人事評価を通したパフォーマンス・マネジメント」『日本経済大学大学院紀要』Vol.1, No.1　pp.17-35

3）武藤泰明『プロスポーツクラブのマネジメント―戦略の策定から実行まで―第 2 版』東洋経済新報社 2013 年

4）石井源信・石川国広・高見和至・後藤肇「ジュニア期における優秀指導者の実態に関する調査研究」『平成 5 年度日本オリンピック委員会スポーツ医・科学研究報告 No. III ジュニア期のメンタルマネジメントに関する研究　第 1 報』1994 年　pp.10-40

5）石井源信・石川国広・高見和至・後藤肇「ジュニア期における優秀指導者の実態に関する調査研究『平成 6 年度日本オリンピック委員会スポーツ医・科学研究報告 No. III ジュニア期のメンタルマネジメントに関する研究　第 2 報』1995 年　pp.5-50

6）石井源信・石川国広・高見和至・後藤肇「ジュニア期における優秀指導者の実態に関する調査研究―追跡面接調査の結果をもとにして―」『平成 7 年度日本オリンピック委員会スポーツ医・科学研究報告 No. III ジュニア期のメンタルマネジメントに関する研究　第 3 報』1996 年　pp.3-24

7）北村勝朗・齊藤茂・永山貴洋「優れた指導者はいかにして選手とチームのパフォーマンスを高めているのか？―質的分析によるエキスパート高等学校サッカー指導者のコーチング・メンタルモデルの構築―」『スポーツ心理学研究』第 32 巻第 1 号　日本スポーツ心理学会　2005 年　pp.17-28

索 引

競技スポーツの心理学

2024 年 4 月 1 日　初版第 1 刷発行

編　　　者	高井秀明
発　行　者	竹鼻均之
発　行　所	株式会社みらい

〒500-8137　岐阜市東興町40 第5澤田ビル

TEL 058-247-1227（代）

FAX 058-247-1218

https://www.mirai-inc.jp

| 装丁・本文デザイン | 小久保しずか |
| 印刷・製本 | 株式会社　太洋社 |

ISBN978-4-86015-618-3　C3075　Printed in Japan